Ivo Korytowski

Sopa no Mel

Curiosidades da Língua

EDITORA CIÊNCIA MODERNA

Sopa no Mel: Curiosidades da Língua
Copyright© Editora Ciência Moderna Ltda., 2008

Todos os direitos para a língua portuguesa reservados pela EDITORA CIÊNCIA MODERNA LTDA.

De acordo com a Lei 9.610 de 19/2/1998, nenhuma parte deste livro poderá ser reproduzida, transmitida e gravada, por qualquer meio eletrônico, mecânico, por fotocópia e outros, sem a prévia autorização, por escrito, da Editora.

Editor: Paulo André P. Marques
Produção Editorial: Camila Cabete Machado
Capa: Marcio Carvalho
Diagramação: Verônica Paranhos
Assistente Editorial: Vivian Horta

Várias **Marcas Registradas** aparecem no decorrer deste livro. Mais do que simplesmente listar esses nomes e informar quem possui seus direitos de exploração, ou ainda imprimir os logotipos das mesmas, o editor declara estar utilizando tais nomes apenas para fins editoriais, em benefício exclusivo do dono da Marca Registrada, sem intenção de infringir as regras de sua utilização. Qualquer semelhança em nomes próprios e acontecimentos será mera coincidência.

FICHA CATALOGRÁFICA

Korytowski, Ivo
Sopa no Mel: Curiosidades da Língua
Rio de Janeiro: Editora Ciência Moderna Ltda., 2008.

1. Gramática da Língua Portuguesa, 2. Curiosidades da Língua Portuguesa.
I — Título

ISBN: 978-85-7393-723-7   CDD 469.5

Editora Ciência Moderna Ltda.
R. Alice Figueiredo, 46 – Riachuelo
Rio de Janeiro, RJ – Brasil   CEP: 20.950-150
Tel: (21) 2201-6662/ Fax: (21) 2201-6896
E-MAIL: LCM@LCM.COM.BR

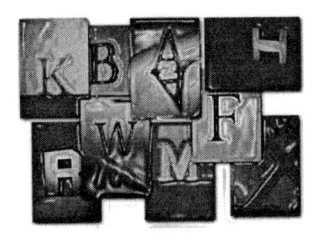

SUMÁRIO

> Por isso, em minha ingrata lida
> De viver, é a **sopa no mel**
> Se de súbito translucida
> O sorriso azul de Isabel.
>
> (Manuel Bandeira, "Balada para Isabel")

Apresentação 5
Capítulo 1 – Palavras Interessantes 7
Capítulo 2 – Nomes de Pessoas 19
Capítulo 3 – Nomes da Mitologia 31
Capítulo 4 – Nomes de Lugares e Gentílicos 39
Capítulo 5 – Expressões Pitorescas 51
Capítulo 6 – Curiosidades Diversas 63
Capítulo 7 – Cultura Útil (& Inútil) 73

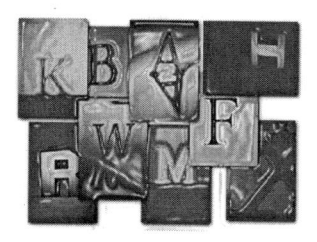

APRESENTAÇÃO

Afinal, o que existe na caixa de Pandora? Assim como um quilograma contém mil gramas um kilobyte possui mil bytes? O que é um trabalho de Sísifo? O que foi a Cortina de Ferro e quem criou esta expressão? O que tem um reles pneu a ver com a espiritualidade? O que um assassino tem a ver com o haxixe? Onde fica a Bavaria? E a Antarctica? Quem é Brahma? O que significa Skol? Pandemônio tem alguma coisa a ver com demônio? Quais os significados dos nomes das pessoas? Qual a origem da expressão bode expiatório? Qual a origem da palavra cibernética? Qual a origem da palavra favela (no sentido de "comunidade")? Qual a origem da expressão **sopa no mel**? Qual a origem dos termos esquerda e direita em política? Quando Fernando Pessoa diz que "navegar é preciso, viver não é preciso", preciso tem o sentido de necessário ou de exato? Quando foi o tempo em que se amarrava cachorro com lingüiça? Quem foi Big Brother? Se o cinema é a sétima arte, quais as outras seis? Se os países ricos formam o Primeiro Mundo e os países pobres, o Terceiro Mundo, onde fica o Segundo Mundo?

Se você é uma pessoa curiosa e quer saber estas e (muuuuuitas) outras coisas, **seja bem-vindo a este livro!**

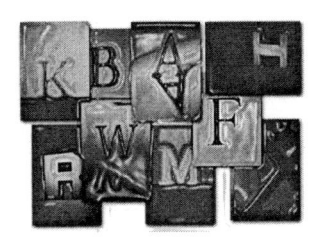

Capítulo 1

PALAVRAS INTERESSANTES

A palavra irrompe.
A palavra irromperá quer queiramos ou não.
Porque a palavra é um símbolo.
Com ela se desenham a liberdade e as algemas;
com ela se estabelece a guerra e inaugura a paz.
A palavra é suavidade, loucura,
são folhas e folhas esboçando um tempo a vir.
É uma janela aberta, uma lágrima incontida.

(Maria Rosa Colaço, "A Força da Palavra")

> Onde fica o **alto astral**?

Nos anos 60, época do movimento *hippie* e da contracultura, popularizaram-se as expressões **alto astral, maior astral**. "Estou no maior astral, bicho!" Essas expressões refletiam o interesse da juventude da época pelas religiões orientais e esoterismo. Segundo certas crenças orientais e esotéricas, o **plano astral** seria uma espécie de mundo invisível, espiritual onde residiríamos entre uma encarnação e outra, mas que também pode ser "visitado" em vida nas chamadas **viagens astrais**. Quanto mais alto o astral, maior o distanciamento do mundo físico. Alto astral!

> O que tem um reles **pneu** a ver com a espiritualidade?

Pneu é uma redução da palavra **pneumático**, assim como **cinema** é uma redução da palavra **cinematógrafo**, **moto**, da palavra **motocicleta** e **basquete**, da palavra **basquetebol**. **Pneumático** deriva do grego *pneumatikós* (= referente ao vento ou ao espírito). Os gnósticos classificavam os homens, segundo o grau de evolução espiritual, em hílicos, psíquicos e **pneumáticos**. A **pneumática** ou **pneumatologia** classicamente era o *conhecimento especulativo da alma* ou o *estudo dos espíritos que ficam entre o homem e Deus*. Na acepção moderna, essas palavras designam a *ciência das propriedades físicas dos gases*.

Quem vê um reles **pneu** nem imagina quanta coisa se esconde por detrás desta palavra!

> **Pandemônio** tem alguma coisa a ver com demônio?

Pandemonium é palavra criada pelo poeta inglês Milton, no *Paraíso Perdido*, para designar o palácio de Satã. O radical grego **pan** significa tudo, todos: **pan**teísmo (doutrina segundo a qual Deus é a soma de tudo que existe), **pan**-americano, **pan**acéia (remédio para todos os males). A palavra grega *daímon* significa demônio, mas para os gregos **demônio** era mais um gênio inspirador do que um diabo na acepção judaico-cristã. **Pandemônio** seria, ao pé da letra, uma *reunião de todos os demônios*.

> O que é um cavalo **alazão**?

Você já deve ter lido ou ouvido a expressão **cavalo alazão** em algum ditado popular, conto ou romance regionalista, matéria sobre turfe (Puro Lena é um cavalo **alazão**, nascido em 12 de novembro de 1999, filho de Smarvelena com Smokin Twis, tendo Smokin Steel como avô materno) ou naquela antiga musiquinha *Oh! Suzana*:

Quando eu fui ao Alabama
E toquei meu violão
Encontrei uma menina
Num cavalo **alazão**

Ela me pediu sorrindo
Pra tocar uma canção
Que falasse do Alabama
De um banjo e violão

Oh! Suzana
Não chores por mim
Pois eu volto pro Alabama
Pra tocar meu banjo assim...

Mas você sabe o que é um **cavalo alazão**? Cavalo alazão é aquele que tem a pelagem cor de canela, amarelo-avermelhada. A pelagem do cavalo é importante na sua identificação, e para cada tonalidade existe todo um "folclore". "Cavalo alazão deixa o dono com o estribo na mão", diz o ditado popular — ou seja, o cavalo alazão é tido como "matreiro".

E já que estamos falando da pelagem dos cavalos, vejamos outros termos que você já deve ter ouvido ou lido, mas que talvez não saiba o que significam:

O **cavalo tordilho** tem pêlo negro com manchas brancas, lembrando a plumagem do tordo.

O **cavalo baio** tem plumagem castanha ou amarelo-acastanhada e é tido como preguiçoso. Antigamente, se alguém passasse por um cavaleiro enfurecido, carregando os arreios no ombro, perguntava sem pestanejar: "Onde deixou-te o baio?"

O **cavalo castanho-escuro**, a cor de pelagem predominante, é tido como "confiável". Diz o ditado: "Cavalo castanho-escuro pisa no mole, pisa no duro, carrega o dono seguro."

Já o **cavalo rosilho** é execrado pela crendice popular. Ele tem pêlo avermelhado e branco, dando-lhe um aspecto cor-de-rosa. "Cavalo rosilho cansa até comendo milho."

> Quando Alexandre Herculano, no clássico romance *O bobo*, escreve: "É o mosteiro de D. Mumadona: é um claustro de monges negros: é a origem desse burgo, do castelo **roqueiro** e dos seus paços reais", estava se referindo a um precursor medieval do *rock*?

Claro que isto é uma brincadeira! **Roqueiro** é uma palavra bem mais antiga que o *rock-and-roll*. Segundo o dicionário *Houaiss*, **roqueiro**, no sentido da *pessoa que fia na roca* (lembra-se da roca de fiar da Bela Adormecida?), remonta ao século XVI. Outro sentido de **roqueiro**, remontando igualmente ao século XVI, é *que se assenta sobre a rocha* — foi nesse sentido que Herculano empregou a palavra no trecho acima. Somente em meados do século XX, **roqueiro** adquire a acepção de compositor e/ou executante de *rock-and-roll*, ou simplesmente *rock*.

> Existiria a palavra **inzoneiro** se Ari Barroso não tivesse composto a *Aquarela do Brasil*?

Há quem acredite que Ari Barroso teria inventado a palavra **inzoneiro** só pra rimar com **brasileiro**: "Brasil, meu Brasil brasileiro, meu mulato inzoneiro..."

Na *Aquarela do Brasil*, Ari quis inovar, evitando os clichês que dominavam o samba — malandragem, bebida, amores fracassados — e exaltando o que o Brasil tem de bom. Recorreu a certas construções enfáticas (Brasil brasileiro, esse coqueiro que dá coco) e palavras menos usuais, pelo efeito poético: **inzoneiro, merencória, trigueiro**. Segundo o dicionário *Houaiss*, o termo "inzoneiro" surgiu em nossa língua em 1899.

Não sei se por efeito da *Aquarela*, algumas pessoas confundem **trigueiro** (da cor do trigo maduro, moreno) com **fagueiro** (a rigor, que afaga; figurativamente, muito alegre). Tanto é que, em pesquisa no Google, encontrei duas ocorrências de **lépido e trigueiro** (em vez de **lépido e fagueiro**).

Conta-se que, quando Ari cantou a recém-composta *Aquarela* ao cunhado que estava de visita, este criticou:

— Coqueiro que dá coco? Que queria que ele desse?

Antes que me esqueça: **inzoneiro**, segundo o *Aurélio*, significa *intrigante, sonso, manhoso*. Em pesquisa do Google, praticamente só encontrei **inzoneiro** em referência à canção do Ari. Portanto, se Ari não "inventou" a palavra, ao menos salvou-a do *olvido* (usando uma palavra pouco usual, à maneira do Ari!).

> Qual a palavra mais comprida da língua portuguesa?

As palavras mais curtas do português todo mundo sabe: **a, e, o**. Mas qual a palavra mais comprida? Durante muito tempo a gente ouvia dizer que era **anticonstitucionalissimamente**, com 29 letras. Será que continua sendo a palavra mais comprida? E será que esta palavra existe mesmo? Ela não está nos dicionários. De fato, o que está nos dicionários é **inconstitucional** e **anticonstitucional** (= que infringe ou contraria a constituição de um país). Mas podemos colocar estas palavras no superlativo absoluto sintético. O superlativo de anticonstitucional é anticonstitucionalíssimo. O último passo é transformar esta palavra em advérbio de modo: anticonstitucionalissimamente, ou seja, de forma anticonstitucional. Os deputados legislaram anticonstitucionalissimamente, de forma contrária à constituição. (No caso de inconstitucional, obtemos inconstitucionalissimamente.)

Só que esta palavra deixou de ser a mais comprida do português, tendo sido rebaixada para o quarto lugar. As campeãs são termos médicos novos: **pneumoultramicroscopicossilicovulcanoconiótico** (46 letras), **pneumoultramicroscopicossilicovulcanoconiose** (44 letras) e **hipopotomonstrosesquipedaliofobia** (33 letras). Ufa!

> **Onívoro** é o animal que põe ovos?

O animal que põe ovos é **ovíparo**. **Onívoro** então o que é?

É fácil! Um animal que se alimenta de carne é... **carnívoro**. Que se alimenta de vegetais, **herbívoro**. **Onívoro** é o *animal que se alimenta de tudo*! Nós, seres humanos, somos animais tipicamente onívoros: comemos tudo que aparece pela frente! Um livro recentemente lançado chama-se *O dilema do onívoro: Uma história natural das quatro refeições*.

O prefixo **oni** vem do latim *omnis*, que significa *tudo, todo*. **Oni**potente é quem tudo pode. **Oni**sciente é quem tudo sabe! **Oni**presente é quem está por toda parte. Ou seja, Deus, embora nenhuma destas três palavras apareça na *Bíblia*. Daí a palavra ônibus (o "busão" nosso de cada dia), que é um transporte coletivo, "para todos".

> Qual a origem da palavra **cibernética**?

Você deve ser um navegador assíduo do **ciberespaço**, talvez já tenha entrado num **cibercafé** e, se você é fã da ficção científica, deve ter ouvido falar nos **ciborgues** (organismos cibernéticos capazes de sobreviver no espaço sideral, como os *borgs* em Star Trek ou os *cylons* em Battlestar Galactica). Mas sabe a origem da palavra **cibernética**?

A cibernética é uma ciência criada por Norbert Wiener, na década de 1940, que tenta compreender os fenômenos naturais e artificiais pelo estudo dos processos de comunicação e controle nos seres vivos, nas máquinas e nos processos sociais. Em seu livro *Cibernética e sociedade*, Wiener explica como criou o termo:

> Desde o fim da Segunda Guerra Mundial, venho trabalhando nas muitas ramificações da teoria das mensagens. Além da teoria da transmissão de mensagens da engenharia elétrica, há um campo mais vasto que inclui não apenas o estudo da linguagem mas também o estudo das mensagens como meios de dirigir a maquinaria e a sociedade, o desenvolvimento de máquinas computadoras e outros autômatos que tais, certas reflexões acerca da psicologia e do sistema nervoso, e uma nova teoria conjetural do método científico. [...]
>
> Até recentemente, não havia palavra específica para designar esse complexo de idéias, e, para abarcar todo o campo com um único termo, vi-me forçado a criar uma. Daí "Cibernética", que derivei da palavra grega *kubernetes*, ou "piloto", a mesma palavra grega de que eventualmente derivamos nossa palavra "governador".

> Qual a origem da palavra **greve**?

A palavra origina-se do francês *grève*, que originalmente designava um terreno de areia ou cascalho à beira d'água, mas que passou a designar também as paralisações dos trabalhadores por associação com a antiga Place de Grève, atual Place de l'Hôtel-de-Ville, na margem do Sena, diante da Prefeitura de Paris. A praça costumava servir de ponto de reunião de certas corporações de ofício parisienses em busca de trabalho. Por ser então um dos principais pontos de atracação de barcos, muitos desempregados arranjavam ali biscates na carga e descarga das embarcações. Desse modo, até meados do século XIX, a expressão francesa *être en grève* (literalmente, "estar em greve") significava "procurar trabalho". A palavra *grève* foi empregada pela primeira vez na acepção de "cessação voluntária do trabalho" por Proudhon, sendo depois popularizada por um poema de 1869 de François Coppée intitulado "La Grève des Forgerons" ("A Greve dos Ferreiros"), que começa assim:

> Mon histoire, messieurs les juges, sera brève.
>
> Voilà : Les forgerons s'étaient tous mis en grève.
>
> C'était leur droit. L'hiver était très-dur. Enfin
>
> Le faubourg, cette fois, était las d'avoir faim.
>
> (Minha história, senhores juízes, será breve.
>
> Ei-la: Os ferreiros entraram todos em greve.
>
> Era seu direito. O inverno havia sido muito rigoroso. Afinal
>
> O subúrbio, desta vez, estava cansado de passar fome.)

No século XX, por extensão, a palavra passou a designar (tanto no francês como no português) a paralisação de qualquer atividade, como a "greve de fome" ou a "greve de sexo".

O que um **assassino** tem a ver com o **haxixe**?

A palavra **assassino** deriva do árabe *haxxíxín*, que significa "consumidor de haxixe", por sua vez derivada do persa *hassassin*, designação dos membros de uma seita xiita do norte do Irã, liderada por Hassan-i-Sabbah, conhecido como O Velho da Montanha, que na época das Cruzadas (século XI) consumiam ritualmente haxixe antes de combater os inimigos, o que os tornava destemidos.

Que diferença em relação aos *hippies* dos anos 60 que "queimavam um fuminho" para celebrar a "paz e amor"!

PALAVRÕES

Antigamente falar palavrão em público ou na frente de uma mulher era tabu, quase tão grave como roubar ou assassinar. A obra de Nelson Rodrigues, por mais pornográfica, não contém nenhum palavrão. Nos anos sessenta, quando algumas peças de teatro (sobre o submundo, as prostitutas...) passaram a incluir palavrões, o mundo quase foi abaixo. Discutia-se a propriedade ou não do palavrão no teatro como se discutem hoje os transgênicos ou a clonagem.

Como tudo que é proibido, o palavrão despertava curiosidade em nós, crianças e adolescentes. Mas num livro (dentre os que escaparam da censura) a gente sabia que encontraria todos os palavrões: o dicionário! Estava tudo ali: puta: meretriz, mulher devassa, libertina; boceta: a vulva. Outro lugar onde a gente encontrava um ou outro termo chulo (pega pra capar!, essas coisas) era a obra do Jorge Amado. Nossos pais ficavam abismados com a popularidade de Jorge Amado entre nós, crianças e jovens!

A julgar pelas obras dos romancistas anteriores ao século XX — José de Alencar, Machado de Assis — ninguém proferia palavrão. Rara exceção encontrei em *O primo Basílio*, de Eça de Queiroz (cap. XII), quando Luísa manda Juliana se calar e esta responde:

— Você manda-me calar, sua p...! — E Juliana disse a palavra.

A poesia sempre foi mais liberal e já no tempo de Bocage (em Portugal) e de Gregório de Matos (no Brasil) poemas fesceninos circulavam, ao menos por baixo dos panos. Fernando Pessoa (1888-1935), sob o heterônimo Álvaro de Campos, emprega um linguajar bem ousado. Assim, na "Ode Triunfal" lemos: "Ó automóveis apinhados de pândegos e de putas" e "Ah, e a gente ordinária e suja, que parece sempre a mesma,/

Que emprega palavrões como palavras usuais, / Cujos filhos roubam às portas das mercearias / E cujas filhas aos oito anos — e eu acho isto belo e amo-o!-/ Masturbam homens de aspecto decente nos vãos de escada".

Parece que o tabu do palavrão só existia porque havia a coerção da censura. Depois que a censura foi abolida, o palavrão tornou-se lugar-comum. Se você pesquisar no Google encontrará 161.000 resultados para "filho da puta", 55.000 para "filha da puta", 98.000 para "puta que pariu", 25.300 para "puta que o pariu" (pesquisa realizada em 22/1/08 em páginas do Brasil). Só resta mesmo exclamar: PQP!

Termos considerados chulos ou mesmo palavrões revelam (para quem tem a curiosidade de pesquisá-los no dicionário) alguns sentidos inusitados. Por exemplo, houve época em que **boceta** significava *caixa de rapé* ou *caixinha redonda, oval ou oblonga*. Machado de Assis, no "Conto de escola",[*] escreve: "Uma vez sentado, extraiu da jaqueta a boceta de rapé...", e ninguém vai acusá-lo de pornográfico! **Bicha** em Portugal é fila. **Bunda**, palavra derivada do banto, designa grupo étnico angolano cujo idioma é o *umbundo*. Sinônimos de *bunda* (no bom sentido!): babunda, bundo, mabunda e ovimbundo (ver dicionário *Houaiss*). Existe até uma frase que brinca com essa duplicidade de sentido entre Brasil e Portugal: O puto estava postado no rabo da bicha com dois paus na algibeira. Embora para nós, brasileiros, soe como algo obsceno, na verdade significa: O menino estava postado no fim da fila com dois escudos no bolso.

Na lista abaixo, tente relacionar as palavras da coluna esquerda com as acepções da coluna direita. Vale consultar o dicionário — aliás, a graça está em consultar o dicionário! Você vai se surpreender com os sentidos insuspeitos de palavras que considerava "suspeitas". Respostas no rodapé:[**]

  1. tesão   ( ) caixa de rapé

  2. camisinha ( ) picareta

  3. cu   ( ) guisado em que entre alho-poró

---

[*] O "Conto de escola" faz parte do livro *Várias Histórias* e pode ser encontrado no meu blog Sopa no Mel (sopanomel.blogspot.com).

[**] Solução: 10, 6, 12, 1, 14, 8, 20, 21, 4, 17, 11, 15, 2, 13, 19, 16, 3, 9, 18, 5, 7, 23, 22.

4. paquete	( )	manifestação de força
5. pipi	( )	acepipe de pedaços de salsicha, queijo, pimentão etc. espetados num palito
6. picão	( )	calvo, careca
7. pica	( )	queda das flores
8. piroca	( )	prender as folhas ou cadernos de livro mediante costura
9. capadinho	( )	navio a vapor
10. boceta	( )	peixe-martelo
11. bicha	( )	fila
12. porrada	( )	som de zabumba
13. ereção	( )	pequena camisa
14. sacanagem	( )	ato ou efeito de erigir ou erguer
15. bumbum	( )	espécie de vaso para filtragem e preparação de medicamentos
16. veado-galheiro	( )	veado de chifres ramificados
17. cornuda	( )	símbolo do cobre
18. bunda	( )	livrinho
19. caceta	( )	relativo a ovimbundo ou ao seu povo
20. defloração	( )	ave galinácea
21. brochar	( )	lança antiga
22. enrabar	( )	trepadeira da família das cucurbitáceas
23. cabacinho	( )	prender o cabresto de um animal à cauda de outro, a fim de conduzi-lo

Capítulo 2

NOMES DE PESSOAS

Ao dar nome a um recém-nascido, a gente não se preocupa com o "significado" do nome: ninguém chama o filho de Márcio porque quer que ele se torne guerreiro ou a filha de Stella para que se torne uma estrela. A gente dá nome por motivo religioso (nomes de santos, patriarcas etc.), porque alguém da família tem esse nome, porque o nome soa bonito ou simplesmente porque o nome está na moda — cada época tem uma verdadeira "safra" de nomes predominantes.

Mas depois que viramos adultos, aí sim, ficamos curiosos por saber a origem de nosso nome. Segue-se uma lista dos significados de alguns nomes mais comuns.

Abraão (origem hebraica) - pai de uma multidão de povos ("e não mais levarás o nome de 'Abrão', mas chamar-te-ás 'Abraão', pois constituir-te-ei pai de uma multidão de povos")

Alexandre (do nome grego Alexandros) - defensor da espécie humana.

Alfredo (origem anglo-saxônica) - duende conselheiro.

Amália (do germânico *amal*) - trabalhadora.

Amélia - variação de Amália ou Emília.

Ana (do hebraico Hannah) - cheia de graça.

Ana Beatriz – ver **Ana** e **Beatriz**.

André (do grego *andreios*) – viril, corajoso.

Andrea – André em italiano e Andréia em espanhol.

Andréia – feminino de André.

Anita – diminutivo espanhol de Ana.

Antônio - em latim, Antonius, nome de uma família romana cujo membro mais ilustre foi Marcus Antonius (Marco Antônio). Origem etrusca desconhecida.

Aparecida – cidade de São Paulo onde apareceu a imagem da padroeira do Brasil.

Arthur – Artur em inglês.

Artur – nome inglês cujo significado exato se desconhece.

Beatriz (do latim Beatrix) – aquela que faz os outros felizes.

Bernardo – derivado do elemento germânico *bern* (urso) combinado com o inglês *hard* (forte, corajoso). Forte, corajoso como um urso.

Caíque (do francês *caïque*) – tipo de barco.

Clara (do latim *clarus*) - clara, brilhante, ilustre.

Clarissa (do nome latino Claritia, derivado de *clarus*) - clara, brilhante, ilustre.

Cláudio (origem latina) – coxo, que manca, daí as palavras claudicar, claudicante.

Cristina (feminino de Christian) – cristã.

Daniel (origem hebraica) – Deus é meu juiz.

Daniela – feminino de Daniel.

Dara (origem hebraica)– sabedoria ou compaixão. O nome também pode ter origem irlandesa, e nesse caso significa *carvalho*.

Davi (origem hebraica) – amado.

Débora (origem hebraica) – abelha.

Eduardo (origem inglesa) – próspero guardião.

Elizabeth (do nome hebraico Elisheva) – consagrada a Deus.

Emília – feminino de Emílio.

Emílio (do nome de família romano Aemilius, derivado de *aemulus,* daí a palavra êmulo) – rival.

Enzo – nome italiano de origem incerta.

Fátima (origem árabe) – a que deixou de mamar (Fátima foi uma das filhas do profeta Maomé e é o nome de uma cidade portuguesa onde Nossa Senhora apareceu a três pastores).

Flávio (do nome de família romano Flavius, derivado de *flavus*) – de cabelo dourado ou amarelo.

Gabriel (origem hebraica) – homem forte de Deus; um dos sete arcanjos da tradição judaica.

Giovanni – João em italiano.

Henrique (origem germânica) – governante do lar.

Hugo (do germânico *hug*) - coração, mente ou espírito.

Ibrahim – Abraão em árabe.

Isabel - forma medieval espanhola de Elizabeth.

Isabella – forma latina de Isabel.

Isadora – variante de Isidora, que é o feminino de Isidoro.

Isidoro (do nome grego Isidoros) – dom de Ísis (deusa egípcia).

Ivan – João em russo, tcheco e croata.

Ivo – forma germânica de Yves, teixo.

Jacó (origem hebraica) – o que segura o calcanhar (Depois saiu o seu irmão, agarrada sua mão ao calcanhar de Esaú; pelo que foi chamado Jacó.)

James – Tiago em inglês.

Jasmim (do persa Yasmin) – a planta jasmim.

João (do nome hebraico Yochanan) – Deus é bondoso.

Jorge – (do nome grego Georgios, derivado da palavra grega *georgos*) – que trabalha a terra, fazendeiro.

Joaquim (origem hebraica) – o elevado de Deus.

José (origem hebraica) – Ele acrescentará (Chamou-o José, dizendo: "Acrescente Javé outro filho a este!)

Juan - João em espanhol.

Júlia - feminino de Júlio.

Júlio – em latim, Julius, nome de uma família romana cujo membro mais ilustre foi Gaius Julius Caesar. Provavelmente derivado do grego *ioulos*, barba felpuda.

Kelly – nome inglês e irlandês de origem incerta. Também usado como sobrenome (Grace Kelly).

Lívea – feminino de Lívio.

Lívio – em latim, Livius, nome de uma família romana cujo membro mais ilustre foi Titus Livius (Tito Lívio). Pode derivar de *liveo* (invejar) ou *lividus* (invejoso).

Lucas (do nome grego Loukas) – da Lucânia (antiga região da Itália).

Lucienne – feminino do nome francês Lucien, que em latim é Lucianus, nome de uma família romana. Deriva de *lux*, luz.

Luís (do nome germânico Hludwig) – guerreiro ilustre.

Maicon – aparente "aportuguesamento" de Michael, que é Miguel em inglês, possivelmente por influência do artista Michael Jackson.

Maiquel - "aportuguesamento" de Michael, que é Miguel em inglês.

Manoel (do nome hebraico Emmanuel) – Deus está conosco.

Marcela – feminino de Marcelo.

Marcelo – em latim, Marcellus, nome de uma família romana, derivado do prenome Marcus (Marco), que por sua vez deriva do nome Marte, deus romano da guerra.

Márcio (do latim *martiu*) - guerreiro (Marte era o deus da guerra).

Marco – derivado do nome Marte, deus romano da guerra.

Maria - forma latina do nome hebraico Míriam, cujo significado exato não se conhece.

Mariana – feminino de Marianus, nome de uma família romana, derivado do prenome Marius (Mário).

Marina (origem latina) – proveniente do mar.

Mário – em latim, Marius, nome de uma família romana. Provavelmente derivado do nome do deus romano Marte.

Mateus (do nome hebraico Mattithyahu) – dom de Deus.

Maurício – em latim, Mauricius, nome de uma família romana, derivado de Maurus (Mauro).

Mauro (origem romana) – mouro, de pele escura.

Michael – Miguel em inglês.

Michel – Miguel em francês.

Michelle – feminino de Michel.

Miguel (do nome hebraico Miyka'el) – quem é como Deus? Um dos sete arcanjos da tradição judaica.

Moisés (origem hebraica) – salvo das águas ("...pondo-lhe o nome de Moisés: 'Porque — alegou — eu o tirei da água.'")

Mônica - origem fenícia desconhecida (Santa Mônica foi mãe de Santo Agostinho).

Natália (do nome latino Natalia, derivado de *natale domini*) – Dia de Natal.

Nívea (origem latina) – feminino de Níveo, branco como a neve.

Patrícia – feminino de Patrício.

Patrício (do nome romano Patricius) – nobre.

Paulo (do sobrenome romano Paulus) – pequeno, humilde.

Pedro (do grego *pétros*) - pedra.

Pierre – Pedro em francês.

Raquel (origem hebraica) – ovelha.

Ricardo (origem germânica) – poder destemido.

Rita – forma reduzida de Margarita e outros nomes terminados em *ita*.

Roberto (origem germânica) – fama brilhante.

Ronaldo (do nome germânico Reginold) – nome composto dos elementos *ragin* (conselho) e *wald* (governo).

Samara (do hebraico Shemariah) - guardada por Deus. Protegida por Deus.

Samira (origem árabe) – feminino de Samir, que significa *companheiro de conversa noturna*.

Sandro – forma reduzida de Alessandro, que é Alexandre em italiano.

Sara (origem hebraica) – princesa.

Sérgio – em latim, Sergius, nome de família romana de origem etrusca desconhecida.

Sofia (do grego *sophía*) – sabedoria.

Stella (do latim *stella*) - estrela.

Teresa – significado incerto; talvez derive do grego *theros* (verão), de *therizein* (colher) ou da ilha de Thera, na Grécia.

Tiago – mesma origem do nome Jacó. São Tiago (Santiago) é o santo padroeiro da Espanha.

Vicente – deriva do nome romano Vincentius, que vem do latim *vincere* (vencer). Significa, portanto, vencedor.

William - Guilherme em inglês.

> O que é uma **vitória de Pirro**?

Pirro (318-272 a.c.), rei do Epiro, no noroeste da Grécia, venceu as legiões romanas nas batalhas de Ásculo e Heracléia. Mas as batalhas, com emprego de elefantes, foram tão sangrentas, e tamanhas foram as baixas sofridas pelo exército vencedor, que Pirro teria dito: "Mais uma vitória dessas e estarei perdido."

Uma vitória de Pirro é aquela que exigiu tamanhos sacrifícios que acabou nem valendo a pena.

Em *O Dia* de 4 de novembro de 2003, em charge intitulada "Uma Vitória de Pirro no Iraque", Jaguar mostra um terrorista iraquiano empunhando um fuzil e exclamando: "O Bush ganhou a guerra mas está perdendo a paz de goleada!" Grande Jaguar!

> Por que nomes estrangeiros às vezes são traduzidos (Martinho Lutero) e outras vezes não (Martin Luther King)?

A transposição de nomes próprios estrangeiros para a nossa língua apresenta algumas peculiaridades. Nomes de personagens históricos costumam ser traduzidos: assim, **Martin Luther** (o fundador do protestantismo) torna-se, em português, **Martinho Lutero**. Mas **Martin Luther King**, o pastor norte-americano que lutou pelos direitos civis dos negros, por ser protagonista da história mais recente, conserva o nome original: ninguém diz **Martinho Lutero Rei**!

Algumas traduções de nomes próprios são consagradas, todo mundo conhece: **Wilhelm** (alemão) ou **William** (inglês) traduzem-se por **Guilherme**. Nos livros de história, encontramos uma sucessão de Guilhermes imperadores da Alemanha e Guilhermes reis da Inglaterra. Paul é Paulo, Peter é Pedro. Até aqui, tudo bem. Mas às vezes ocorrem certas confusões. Por exemplo, o apóstolo **São Tiago** em inglês é designado como **Saint James** (uma das atrações de Londres é o St James's Park) e em francês como **Saint Jacques** (Santiago de Compostela em francês é Saint-Jacques-de-Compostelle). No entanto, quando **James** se refere a um rei ora é traduzido como **Jaime**, ora como **Tiago**: uma tradução inglesa clássica da Bíblia é a "Bíblia do rei Jaime" (142 ocorrências no Google) ou "Bíblia do rei Tiago" (135 ocorrências), de 1611. Confusão semelhante ocorre com o nome inglês **Elizabeth**, que corresponde ao português **Isabel**. Nos livros de história, a rainha inglesa Elizabeth I (1533-1603) às vezes aparece como Isabel I. Já a atual rainha Elizabeth II dificilmente tem o nome traduzido no Brasil. Mas em *sites* lusitanos a gente encontra menções a Isabel II.

Quando a língua estrangeira tem um alfabeto semelhante ao nosso, a transposição não apresenta problema: o nome próprio é traduzido (aportuguesado) ou simplesmente transcrito. **Alfabeto** é um sistema de escrita cujos símbolos (letras) representam sons (fonemas): **a, b, c,** α, β, γ, δ, א, ב. Se a língua estrangeira utiliza um alfabeto diferente (alfabeto cirílico, grego, hebraico, árabe) é preciso fazer a *transliteração*: converter as letras do alfabeto estrangeiro em letras do alfabeto latino (o nosso), seguindo uma certa lógica.

Mas a transliteração se complica quando a língua estrangeira, em vez de uma escrita alfabética, utiliza uma escrita ideográfica — baseada não em sons, mas em símbolos.

Vejamos, por exemplo, os *nomes japoneses*. Por tradição, a capital, **Tóquio**, é aportuguesada; os demais nomes próprios seguem a transliteração internacionalmente aceita: **Hiroshima, Osaka, Hirohito, Yamamoto**.

Quanto aos *nomes chineses*, aportuguesamos os mais consagrados: **Confúcio** (cuja transliteração seria **Kung Fu Tzu**), **Lao-tsé** (**Lao Tzu**), **Mêncio** (**Meng Tzu**), Pequim, Xangai, Cantão. Nomes menos consagrados são transliterados, sem aportuguesamento: **Mo Tzu, Chuang Tzu** etc. Mas aí surge um complicador.

Existem dois sistemas internacionalmente aceitos de *transliteração de nomes chineses*: o tradicional *sistema Wade-Giles* e o moderno *sistema Pinyin*, introduzido em 1958 na China em decorrência da reforma lingüística. Protagonistas da história chinesa recente cujos nomes, na grafia Wade-Giles, nos são familiares — **Chu-en-lai, Mao-tsé-tung, Chiang Kai-chek** — tornam-se quase irreconhecíveis na grafia Pinyin:

Zhou En Lai, Mao Zedong, Jiang Jie Shi. A tendência no Brasil é manter a grafia Wade-Giles para os nomes tradicionais, e adotar o novo sistema Pinyin para nomes mais modernos. Mas nos países de língua inglesa a tendência é converter tudo ao sistema Pinyin. Portanto, ao deparar, numa revista americana, com o nome **Beijing**, não fique perplexo: trata-se da velha e conhecida **Pequim**.

PALAVRAS DERIVADAS DE NOMES PRÓPRIOS

Algumas palavras, entre elas **carrasco** e vários nomes de flores, derivam de nomes próprios — nomes de personagens históricos ou literários. Eis algumas delas:

acaciano - Conselheiro Acácio, personagem do romance *O primo Basílio*, de Eça de Queirós, tinha o hábito de proferir, com toda a solenidade, frases absolutamente banais, como por exemplo: "É sempre um erro, ao descer uma escada íngreme, não procurar o apoio do corrimão".

alfarrábio - Al-Farabi (em latim, Alfarabius) foi um filósofo muçulmano do século X.

algarismo - Muhammad Ibn Mussa al-Khwarizmi (natural de Kharizm) foi um matemático árabe do século IX.

balzaquiana - Alusão ao romance *A mulher de trinta anos*, de Honoré de Balzac.

begônia – O nome científico latino *Begonia* foi criado pelo botânico francês Plumier, no século XVII, em homenagem a Bégon, intendente da ilha de São Domingos.

boicotar – O capitão Charles Cunningham Boycott foi um administrador de terras, banido pelos vizinhos na rebelião da Liga Rural irlandesa de 1880.

bromélia - Olaf Bromel foi um botânico sueco do século XVII.

camélia - Georg Josef Kamel foi um missionário jesuíta morávio do século XVII que esteve no Extremo Oriente.

carrasco - Belchior Nunes Carrasco foi um algoz que teria vivido em Lisboa antes do séc. XV.

cavanhaque - Louis Eugène Cavaignac foi um general francês do século XIX que usava a barba assim aparada.

caxias – Do nosso patrono do exército derivamos o adjetivo *caxias*, que designa alguém muito rigoroso ou exigente (um funcionário caxias, um chefe caxias).

dália - Anders Dahl foi um botânico sueco do século XVIII.

daltonismo - O químico e físico inglês John Dalton sofria desse distúrbio.

despautério - Johannes van Pauteren foi um gramático flamengo do século XV cuja obra ganhou fama de confusa e obscura.

draconiano - Drácon, legislador de Atenas (séc. VII a.C.), celebrizou-se pela dureza de suas leis.

estrogonofe - Paul Stroganoff foi um conde e diplomata russo do século XIX.

galalau - Galalão (em francês Ganelon) é personagem da canção de gesta *La Chanson de Roland*.

gardênia - Alexander Garden foi um naturalista escocês do século XVIII.

hortênsia - Hortense Lepaute foi a dama a quem o naturalista Commerson (século XVIII) dedicou esta planta.

kafkiano - Franz Kafka foi um escritor de língua alemã nascido em Praga. Uma situação kafkiana é uma situação absurda, que beira ao pesadelo, como a vivida pelo personagem Joseph K., em *O processo*, romance que começa com esta frase: "Alguém devia ter contado mentiras a respeito de Joseph K., pois, não tendo feito nada de condenável, uma bela manhã foi preso."

lacerdinha – O político Carlos Lacerda acabou virando nome de um inseto bem irritante.

linchar – Charles Lynch era um proprietário de terras e juiz de paz da Virgínia que empregava métodos extralegais de julgamento e punição contra os partidários da Inglaterra na Revolução Americana.

macadame - John London Mac Adam foi um engenheiro inglês, morto em 1836, que defendeu o uso desse material.

maquiavélico - Maquiavel (Niccolò Macchiavelli) foi um estadista e escritor florentino, considerado o "pai" da ciência política, autor de *O príncipe*, que começa com estas palavras: "Costumam, o mais das vezes, aqueles que desejam conquistar as graças de um Príncipe, trazer-lhe aquelas coisas que consideram mais caras ou nas quais o vejam encontrar deleite, donde se vê amiúde serem a ele oferecidos cavalos, armas, tecidos de ouro, pedras preciosas e outros ornamentos semelhantes, dignos de sua grandeza. Desejando eu, portanto, oferecer-me a Vossa Magnificência com um testemunho qualquer de minha submissão, não encontrei entre os meus cabedais coisa a mim mais cara ou que tanto estime, quanto o conhecimento das ações dos grandes homens apreendido através de uma longa experiência das coisas modernas e uma contínua lição das antigas as quais tendo, com grande diligência, longamente perscrutado e examinado e, agora, reduzido a um pequeno volume, envio a Vossa Magnificência." Isso é que é ser maquiavélico!

magnólia - Pierre Magnol foi um botânico francês morto em 1715.

masoquismo – O barão Leopold von Sacher-Masoch foi um romancista austríaco do século XIX.

mecenas - Mecenas (60 a.C.-8 d.C.), ministro de Augusto, foi protetor de artistas e homens de letras.

onanismo – Onã é um personagem bíblico que praticava o coito interrompido ("Onã sabia que os filhos que nasceriam não seriam seus, e por isso, cada vez que se unia à mulher de seu irmão, deixava cair por terra o sêmen, para não dar descendência a seu irmão." — Gênesis 38:9)

pantagruélico - Pantagruel é um divertido glutão criado pelo escritor francês do século XVI François Rabelais.

pasteurizar - Louis Pasteur foi um químico e biólogo francês do século XIX inventor do processo da pasteurização.

peralta - Peralta teria sido um famoso aventureiro espanhol do século XIX.

platônico – amor platônico é aquele em que não há relação sexual, à maneira do diálogo de Platão, *O Banquete*: "Eis, com efeito, em que consiste o proceder corretamente nos caminhos do amor: em começar do que aqui é belo e, em vista daquele belo, subir sempre, como que servindo-se de degraus, de um só para dois e de dois para todos os belos corpos, e dos belos corpos para os belos ofícios, e dos ofícios para as belas ciências até que das ciências acabe naquela ciência, que de nada mais é senão daquele próprio belo, e conheça enfim o que em si é belo."

quixotesco - Dom Quixote é um desastrado cavaleiro andante criado pelo escritor espanhol Cervantes.

sadismo - O marquês de Sade acreditava que infligir o sofrimento por prazer é algo justo e natural. Não só acreditava, mas aplicava na prática as suas crenças, tendo sido várias vezes processado e condenado por maus-tratos contra mulheres.

sanduíche - O Conde de Sandwich foi um nobre inglês do século XVIII que criou esse tipo de comida para não precisar se ausentar da mesa de jogo.

silhueta - Étienne de Silhouette foi ministro das Finanças da França de março a novembro de 1759. O termo silhueta é uma referência depreciativa às suas políticas fiscais ineptas e aos perfis malfeitos que costumava desenhar.

sósia - Sósia é personagem da comédia *Anfitrião*, de Plauto.

zepelim - O Conde Ferdinand von Zeppelin foi o projetista e construtor desse dirigível.

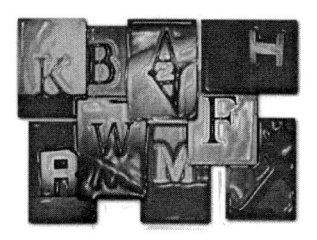

Capítulo 3

NOMES DA MITOLOGIA

> Afinal, o que existe na **caixa de Pandora**? (E quem foi **Pandora**?)

Mais de uma vez, deparei em *chats* da Internet com o *nick* **Pandora**.

E vez ou outra, alguém joga na conversa uma alusão à **caixa de Pandora**. Mas afinal, quem foi **Pandora**, e o que guardava na caixa? Esta pergunta nos remete à história de Prometeu.

Literalmente, Prometeu significa *previdente*. Um dos Titãs (ver "Quem foram os Titãs?" adiante), Prometeu foi incumbido por Júpiter de criar o ser humano do barro e água. Mas consternado com as deploráveis condições de vida dos homens, Prometeu subiu ao céu com Minerva, de onde trouxe para nós o fogo. Júpiter, irritado com a audácia do titã, mandou Vulcano forjar uma mulher dotada de todas as perfeições — daí o nome **Pandora**, do grego *pan* (todos) + *dõron* (presente), devido aos inúmeros dons e presentes recebidos dos diferentes deuses.

Júpiter deu a Pandora uma caixa fechada para que entregasse a Prometeu. Este, desconfiado, recusou-se a receber e abrir a caixa. Mas o irmão de Prometeu, Epimeteu, não resistiu aos encantos de **Pandora**:

abriu a caixa fatídica e deixou escapar todos os males, que desde então assolam o mundo. Mas no fundo da caixa permaneceu a esperança.

Quanto a Prometeu, por ordem de Júpiter, acabou conduzido ao Monte Cáucaso e amarrado a um rochedo, onde uma águia lhe devora o fígado — para sempre.

> Quem foram os **Titãs**?

Os **Titãs** foram divindades primordiais da mitologia grega: seis irmãos e seis irmãs, filhos do **Céu** (Urano) e da **Terra** (Géia): Oceano, Coeus, Crius, Hipérion, Japeto, Saturno (Cronos), Theia, Cibele (Réia), Têmis, Tétis, Mnemósine, Febe. Tentaram escalar o céu, sobrepondo montanhas umas sobre as outras, a fim de destronar Júpiter, mas acabaram fulminados pelos raios do poderoso deus e banidos para o Tártaro.

O maior satélite de Saturno, com o dobro do tamanho da Lua, chama-se **Titã**.

Uma pessoa com *grandes méritos intelectuais ou morais* pode ser chamada de **titã**: Machado de Assis foi um **titã** das letras. Os **Titãs** são... **titãs** do *rock*!

Um guindaste poderoso também é um **titã** (do inglês *titan crane*).

> Qual a origem da expressão **calcanhar-de-aquiles**?

O grego Aquiles nasceu em Larissa, cidade da região da Tessália. Sua mãe, Tétis, mergulhou-o nas águas do Estige, um dos rios do Inferno, deixando-o invulnerável, com o "corpo fechado". Mas o calcanhar, por onde a mãe o segurou, ficou sendo seu ponto fraco. Um dos heróis da Guerra de Tróia, foi adorado como um semideus.

Na Rapsódia XI da *Odisséia*, Homero conta que Ulisses, tendo viajado até os confins da terra, atingiu o Érebo, a região tenebrosa situada entre a terra e o Hades (=reino dos mortos). Lá surgem as almas de mortos. "Acudiam em chusma, de todos os lados da fossa, soltando grande clamor, e eu me quedei pálido de terror." Ao deparar com a alma de Aquiles, Ulisses declara: "Aquiles, ninguém até hoje foi mais feliz do que tu, nem o será no porvir. Outrora, enquanto vivias, [...] te honrávamos como a um deus; agora que estás aqui, reinas sobre os mortos; por isso, não deves afligir-te por haver morrido." Ao que o herói retruca: "Ilustre Ulisses, não tentes consolar-me a respeito da morte; preferiria trabalhar, como servo da gleba, às ordens de outrem, de um homem sem patrimônio e de parcos recursos, do que reinar sobre mortos, que já nada são!"*

Além da expressão metafórica "calcanhar-de-aquiles", o ponto fraco ou vulnerável de uma pessoa, existe também o tendão de Aquiles ou tendão do calcâneo, que é o tendão do calcanhar.

> **Museu** tem algo a ver com as **musas**?

Museu deriva da palavra grega *mouseîon* que significa "templo das Musas". Mas você sabe quem foram as musas?

As musas eram filhas de Zeus e Mnemósine, deusa da memória. Segundo Hesíodo, são em número de nove, cada uma presidindo uma arte liberal:

Clio era a musa da História. De seu nome deriva "cliometria", a aplicação de métodos matemáticos e técnicas computacionais à história da economia.

Euterpe, inventora da flauta, presidia a Música. Existe também uma palmeira chamada euterpe. Em 2006, a Polícia Federal lançou uma Operação Euterpe destinada a desarticular uma quadrilha que fraudava a fiscalização ambiental no Rio de Janeiro. Vários grupos musicais no Brasil e em Portugal têm a denominação Euterpe: Corporação Musical Euterpe, Coral Vozes de Euterpe, Euterpe Friburguense, Sociedade Euterpe Alhandrense, Sociedade Musical Euterpe etc.

---

* Utilizei a tradução da *Odisséia* de Antônio Pinto de Carvalho.

Talia, donzela de ar jovial, com uma máscara na mão, presidia a Comédia.

Melpômene, uma jovem de aspecto sério, era a musa da tragédia.

Terpsícore, moça viva e alegre, era a musa da dança. Na *Gazeta de Notícias* de 25 de março de 1886, Machado de Assis publicou um conto chamado "Terpsícore", até recentemente inédito em livro.

Érato (de *eros*, amor) presidia a poesia lírica.

Polímnia era a musa da retórica. De seu nome deriva "polímnico" (=referente à retórica), que não deve ser confundido com "polínico" (=que contém pólen).

Urânia presidia a Astronomia.

Calíope era a musa da poesia épica.

O que é um **suplício de Tântalo**?

Na passagem já mencionada da *Odisséia* em que atinge o limiar do mundo dos mortos, Ulisses vê também a alma de Tântalo, "condenado [narra Homero] a cruel suplício, de pé dentro de um lago, com água até ao queixo, mas sem lhe poder chegar. Cada vez que o ancião, sempre sequioso, se curvava para matar a sede, a água desaparecia, absorvida pelo solo; em volta de seus pés surgia a terra negra, dessecada por um deus. Árvores de alta e copada ramaria deixavam pender os frutos sobre sua cabeça; pereiras, romãzeiras, macieiras com deslumbrantes maçãs, doces figueiras e verdejantes oliveiras; sempre que o ancião estendia os braços para colher os frutos, o vento os arremessava para as nuvens sombrias." Sinistro!

Em elemento químico tântalo (Ta), descoberto em 1802, recebeu este nome por custar a absorver os ácidos em que é banhado. O adjetivo "tantálico" pode se referir ao elemento tântalo, ao personagem Tântalo ou a um sofrimento penoso (comparável ao de Tântalo). Nestas duas últimas acepções é sinônimo de "tantalesco". Ao contrário destes termos de nossa língua, pouco conhecidos, *tantalizing* em inglês é bem mais corriqueiro.

Em artigo intitulado "O Brasil é nosso" publicado no site da Natalpress em 06/09/2004, escreve Alexandro Gurgel:

> Que Brasil é esse? Para nós, parece ter uma dimensão **tantálica**. Segundo a mitologia greco-romana, Tântalo teria sido um rei agraciado de uma forma especial pelos deuses, tendo acesso irrestrito aos seus banquetes e reuniões no Olimpo. No entanto, por abusar-lhes da confiança, foi severamente punido. [...]
>
> A punição para Tântalo foi passar o resto de sua vida no Hades, local de suplício, com água até o pescoço. Imediatamente acima de sua cabeça ficavam árvores cheias de frutos apetitosos e suculentos. O suplício de Tântalo era duplo: eterna fome e eterna sede. [...] Teríamos nós, brasileiros, sido castigados com um suplício tantálico pelos deuses, através de nossa fome e de nossa sede por um futuro que sempre está a nos escapar, por termos abusado demasiadamente de sua confiança e paciência?

O que é um **trabalho de Sísifo**?

Trabalho de Sísifo é aquele que nunca termina: assim que fica pronto, começa outra vez. Um bom exemplo é o trabalho da dona-de-casa: assim que termina de lavar todas as louças, está na hora de sujá-las de novo. Um sujeito gozador com quem trabalhei certa vez dizia que deveria se chamar "trabalho de sifu"!

Assim descreve a *Odisséia* o encontro de Ulisses com a alma de Sísifo: "Vi também Sísifo, que sofria dores violentas, sustentando com ambos os braços enorme pedra. Fincando-se nela com mãos e pés, empurrava-a para o cimo de uma colina; mas quando estava quase a alcançar o cume, a imensa mole o fazia recuar, e de novo a acintosa pedra rolava para a planície. Retesando os músculos, uma vez mais começava a empurrá-la; o suor lhe escorria dos membros e a testa se lhe nimbava de poeira."

CONTRIBUIÇÃO DA MITOLOGIA

A mitologia greco-romana também contribui para o enriquecimento da língua. Quer ver exemplos? Vamos começar pelas **artes marciais** que tanta gente pratica. A palavra **marcial** (corte marcial, lei marcial) deriva de **Marte** (em grego, Ares), filho de Júpiter e Juno, o deus da guerra, venerado especialmente em Roma. Havia nessa cidade uma fonte consagrada a Marte. Nero, num gesto de desrespeito, banhou-se nela. Parece que os deuses não gostaram, pois a partir daquele dia sua saúde piorou.

A mitologia também influencia a terminologia ligada à sexualidade. **Afrodisíaco** refere-se a **Afrodite**, uma das divindades mais célebres da Antiguidade, que presidia os prazeres do amor. Aliás, de seu nome latino Vênus vem a popular **camisa-de-vênus**, a "camisinha", sem falar nas doenças **venéreas**. A palavra **erótico** vem do grego *erotikós*, que tem a ver com o deus do amor **Eros** (mais conhecido pelo nome latino Cupido).

Segundo os antigos poetas, Cupido nasceu de Marte e Vênus. Júpiter, pressentindo o "estrago" que o garoto iria causar, quis obrigar Vênus a se desfazer do filho. Esta escondeu Cupido num bosque, onde animais ferozes o amamentaram. Lá Cupido fez um arco e flechas de madeira e ensaiou nos animais as flechadas que mais tarde viria a desferir sobre nós, pobres seres humanos. Parece que o estoque de flechas não tem fim!

Bacanal originalmente era uma festa em homenagem a **Baco**, deus do vinho. No início, eram celebradas por mulheres nos bosques — uma espécie de Clube da Luluzinha. Mais tarde, homens passaram a ser admitidos. Em Atenas, as Dionisíacas (festas de Baco) eram celebradas duas vezes ao ano: em fevereiro e no outono. Quem sabe seja essa a origem de nosso Carnaval? As damas romanas, nas festas em honra a Baco, costumavam receber "propostas indecentes". Do nome latino de Baco, Dioniso, vem a palavra **dionisíaco**.

A terminologia psicológica e psicanalítica também é influenciada pela mitologia greco-romana. Todo mundo ouviu falar no **complexo de Édipo** — segundo Freud, fase em que a criança ama a mãe e quer se livrar do pai. Segundo a mitologia grega, **Édipo** é filho de Laio, rei de Tebas, e Jocasta. Seu nascimento foi precedido de terrível profecia: Édipo mataria o pai e se casaria com a mãe. Daí ter sido abandonado no Monte Citeron. Salvo por um camponês, não conseguiu escapar ao destino.

Ó sofrimento horrível de ver-se! Eis o quadro mais horripilante que jamais tenho presenciado em minha vida! Que loucura, – ó infeliz! – caiu sobre ti? Que divindade levou ao cúmulo o teu destino sinistro, esmagando-te ao peso de males que ultrapassam a dor humana? (Sófocles, *Édipo Rei*)

A palavra **narcisista** provém de **Narciso**, filho da ninfa Líríope e do rio Cefiso. A ninfa Eco apaixonou-se por ele, mas foi rejeitada. Como castigo, Afrodite fez com que Narciso se apaixonasse pela própria imagem refletida numa fonte, onde acabou definhando e transformando-se na flor **narciso**.

Quando você diz que alguém tem uma força **hercúlea** ou está realizando um trabalho **hercúleo**, está fazendo alusão ao herói **Hércules**. Quando diz que um texto é **hermético**, há uma referência a **Hermes Trimegisto** (Hermes três vezes grande), nome dado pelos neoplatônicos ao deus egípcio Thot, devido à semelhança com o deus grego Hermes. Hermes Trimegisto também serviu de pseudônimo ao autor de vários textos neoplatônicos.

Cronologia alude a **Cronos** (nome latino: Saturno), filho do Céu e da Terra e que se identifica com o próprio Tempo. **Cereal** tem sua origem em **Ceres** (em grego: Deméter), deusa que ensinou aos homens a arte de cultivar a terra. **Museu** (como já vimos) e **música** dizem respeito às **musas**.

Morfina vem de **Morfeu**, deus do sono, e **arco-íris**, da deusa **Íris**, mensageira dos deuses. A aparição do arco-íris indicava que a deusa estava descendo à Terra para trazer uma mensagem.

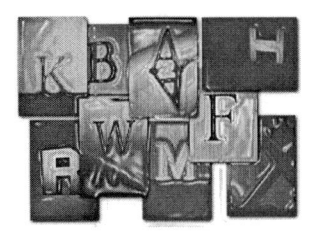

Capítulo 4

NOMES DE LUGARES E GENTÍLICOS*

> Qual a diferença entre **Inglaterra**, **Grã-Bretanha** e **Reino Unido**?

O **Reino Unido** formou-se em 1707 com a união de três nações até então independentes, **Inglaterra**, **Escócia** e **País de Gales**. O nome oficial é Reino Unido da Grã-Bretanha e Irlanda do Norte (em inglês, United Kingdom of Great Britain and Northern Ireland). A Irlanda juntou-se ao rebanho em 1801, mas em 1922 o sul tornou-se independente — daí a divisão em República da Irlanda (independente) e Irlanda do Norte (que faz parte do Reino Unido). E **Grã-Bretanha** é o nome da ilha — a maior ilha da Europa — que abriga a Inglaterra, Escócia e País de Gales.

---

* Gentílico é um adjetivo que designa um local de origem: brasileiro, paulista etc.

> Qual a relação entre **Burma, Birmânia** e **Mianmar**?

Num *site* de turismo, leio: "Alguns o chamam de Burma. Outros de Mianmar. Uns poucos ainda adotam o termo Birmânia para se referir a este país de tantas facetas." Mas, afinal, qual o nome correto?

Mianmar é um desses países, como Burkina Fasso (antigo Alto Volta), Sri Lanka (antigo Ceilão) e Irã (antiga Pérsia), que mudaram de nome no século XX. O fenômeno é comparável ao da mudança de nome de certos artistas por motivos numerológicos. No caso dos países, seus nomes tradicionais estavam associados à humilhante era colonial. Até junho de 1989, o país chamava-se **Birmânia**.

E o que tem **Burma** a ver com isso? **Burma** é **Birmânia** em inglês, assim como **Brazil** é **Brasil** em inglês.

> Se Turquia, Síria, Líbano fazem parte do **Oriente Médio**, onde fica o **Oriente Próximo**?

A divisão do Oriente em extremo, médio e próximo remonta ao colonialismo britânico. O Foreign Office (Ministério das Relações Exteriores) dividiu a Ásia em **Oriente Próximo** (Near East), **Oriente Médio** (Middle East) e **Extremo Oriente** (Far East). **Oriente Próximo** referia-se aos países da costa leste do Mediterrâneo (Turquia, Síria, Palestina), chegando às vezes a incluir Grécia e Egito. Já **Oriente Médio** designava os países a leste do "Oriente Próximo", até a fronteira do Paquistão e Índia (mas sem incluí-los).

Modernamente, o termo **Oriente Médio** passou a incluir os dois orientes, médio e próximo (este sem Grécia e Egito). Mas em referência às civilizações antigas (sumérios, caldeus, assírios), muitas vezes se usa o termo **Oriente Próximo**. Por exemplo, em currículos de cursos de história a gente encontra: Culturas e Estados no Antigo Oriente Próximo.

> O que foi a **Cortina de Ferro** e quem criou esta expressão?

Em seu discurso Sinews of Peace (A Fonte do Poder da Paz), que ficou conhecido como o Discurso da Cortina de Ferro, proferido no Westminster College, em Fulton, Missouri em 5 de março de 1946, Winston Churchill criou o termo "Cortina de Ferro" em referência à linha fronteiriça entre os países europeus comunistas e os demais países desse continente. Por extensão, passou a designar o conjunto daqueles países comunistas. A versão asiática da Cortina de Ferro se denominou Cortina de Bambu.

Em seu discurso, Churchill, entre outras coisas, disse:

> De Stettin, no Báltico, a Trieste, no Adriático, uma cortina de ferro desceu sobre o Continente. Atrás daquele limite residem todas as capitais dos antigos Estados da Europa Central e Oriental. Varsóvia, Berlim, Praga, Viena, Budapeste, Belgrado, Bucareste e Sófia, todas essas cidades famosas e as populações à sua volta residem no que devo denominar a esfera soviética, e todas estão sujeitas, de uma forma ou de outra, não apenas à influência soviética, mas a um grau muito alto e, em alguns casos, crescente de controle de Moscou. [...] Os partidos comunistas, que eram muito pequenos em todos esses Estados do leste da Europa, foram elevados a uma preeminência e poder bem além de seus números e, por toda parte, estão tentando obter o controle totalitário. Governos policiais estão predominando em quase todos os casos, e até agora, exceto na Tchecoslováquia, não há verdadeira democracia.

Já que falamos em Churchill, uma frase notável dele foi: "A democracia é a pior forma de governo, com exceção de todas as outras que já foram tentadas."

> Se os países ricos formam o **Primeiro Mundo** e os países pobres, o **Terceiro Mundo**, onde fica o **Segundo Mundo**?

A expressão Tiers Monde (Terceiro Mundo) foi criada pelo economista e demógrafo francês Alfred Sauvy num artigo publicado em *L'Observateur* de 14 de agosto de 1952. Traçando um paralelo com o Terceiro Estado do tempo da Revolução Francesa, referiu-se aos países que não pertenciam ao bloco ocidental nem ao bloco comunista. O artigo ("Trois mondes, une planète" — "Três Mundos, um planeta") começa com este parágrafo:

> Falamos facilmente de dois mundos presentes, de sua guerra possível, de sua coexistência, etc., esquecendo com freqüência que existe um terceiro, o mais importante e, em suma, o primeiro cronologicamente. É o conjunto dos denominados [...] países subdesenvolvidos.

Sobre a origem da expressão, o próprio Alfred Sauvy escreveu posteriormente esta nota:

> Em 1951, numa revista brasileira, falei de três mundos, sem empregar porém a expressão "Terceiro Mundo". Criei e empreguei pela primeira vez esta expressão por escrito na revista francesa "l'Observateur" de 14 de agosto de 1952. O artigo terminava assim: "Pois enfim este terceiro mundo ignorado, explorado, desprezado como o terceiro estado quer ser, ele também, alguma coisa." Reescrevi assim a famosa frase de Sieyes sobre o Terceiro Estado durante a Revolução Francesa. Eu não acrescentei (mas disse, às vezes, de brincadeira) que se poderia equiparar o mundo capitalista à nobreza e o mundo comunista ao clero.

O **Segundo Mundo**, portanto, eram os países comunistas no tempo da Guerra Fria: URSS, China e Leste Europeu.

> O que tem o **mongolismo** a ver com a **Mongólia**?

Quem nasce na **Mongólia** é mongol. Mongolismo é um termo obsoleto para a *síndrome de Down*, distúrbio de origem genética caracterizado por um conjunto de anormalidades, entre elas olhos oblíquos como de um mongol. Quem sofre de **mongolismo** é um **mongolóide**.

> Qual a diferença entre **hindu, hinduísta** e **indiano** (e o **índio** como entra nesta história)?

Indiano é quem nasceu na Índia ou mora lá — assim como o **cubano** é quem nasceu em Cuba, o **tunisiano**, na Tunísia, o **alagoano**, em Alagoas etc.

Hinduísta é o seguidor do *hinduísmo*, a religião predominante na Índia, assim como o **budista** é o seguidor do budismo, o **confucionista**, do confucionismo, o **taoísta**, do taoísmo.

E **hindu** o que é? Ganha um doce quem acertar! **Hindu** pode ser as duas coisas — ou seja, pode ser o indiano ou o hinduísta!

O **índio** entra na história porque, à época dos descobrimentos, esperava-se alcançar as Índias navegando para o ocidente — só que, no meio do caminho, havia um continente desconhecido!

> Qual a diferença entre **muçulmano**, **árabe** e **saudita**?

Muçulmano é o seguidor do islamismo, religião fundada por Maomé ou Muhammad. Deriva do árabe *muslim*, através do persa *muslimān*, que significa *devoto, submisso a Deus*.

Árabe designa o natural ou habitante da Península Arábica, situada entre o Mar Vermelho e o Golfo Pérsico, constituída da Arábia Saudita,

República Árabe do Iêmen, Sultanato de Omã, Emirados Árabes Unidos, Catar, Barein e Kuwait.

Também se chamam **árabes** os povos muçulmanos de língua árabe do norte da África e Oriente Médio: o nome oficial do Egito, por exemplo, é República Árabe do Egito. Da Síria, República Árabe da Síria. O *árabe coloquial* diverge entre os diferentes países árabes, mas o *árabe clássico*, o árabe do Alcorão, é o mesmo. Os iranianos não são árabes porque, conquanto muçulmanos, falam o idioma persa. O país com a maior população muçulmana do mundo não é árabe: a Indonésia, com quase 250 milhões de habitantes, dos quais 54,7% seguem o islamismo.

Saudita é o natural ou habitante da Arábia Saudita.

> Qual a diferença entre **judeu, hebreu, israelita e israelense**?

Hebreus são os *primeiros judeus, os primeiros habitantes da Terra de Israel*, aqueles que usaram pela primeira vez a língua hebraica. O termo tem um sentido mais étnico e tribal do que religioso.

Judeus originalmente eram os membros da tribo de Judá (uma das doze tribos hebraicas) e, com a cisão, após a morte de Salomão, de Canaã em dois reinos, passou a designar os habitantes do Reino de Judá. Os **israelitas** eram os membros do Reino de Israel. Mas atualmente **israelita** e **judeu** são a mesma coisa.

Israelense, por outro lado, é um termo que designa um cidadão do Estado de Israel, não tendo portanto nenhuma conotação religiosa ou étnica (existem israelenses árabes e cristãos, e a maioria dos israelitas não é israelense).

> Qual a diferença entre **cabo-verdiano** e **cabo-verdense**?

Cabo-verdiano é o natural ou habitante do arquipélago de Cabo Verde, no noroeste da África, enquanto **cabo-verdense** é o natural ou habitante da cidade mineira de Cabo Verde.

> Qual a diferença entre **camaronês** e **camaroneiro**?

Camaronês é o natural ou habitante da República de Camarões, enquanto **camaroneiro** ou **camaroeiro** é um pescador ou barco de pesca de camarões.

Já que estamos falando de Camarões, sabe por que o país tem este nome? Em 1472, quando os marinheiros portugueses penetraram no estuário do atual rio Wouri, impressionaram-se com a abundância de camarões e o denominaram Rio dos Camarões. Assim, pela lógica, o país em inglês deveria se chamar Prawns e em francês Crevettes, mas tendo sido protetorado alemão de 1884 até o fim da Primeira Guerra Mundial, recebeu o nome Kamerun (germanização de Camarões), que deu origem a Cameroon em inglês e Cameroun em francês (o francês e inglês são as línguas oficiais do país).

Aliás, todo mundo sabe que quem nasce na Alemanha é alemão, nos Estados Unidos, norte-americano, e na Argentina, argentino (e agora sabemos que quem nasce em Camarões é camaronês). Mas e quem nasce na Costa do Marfim ou no Barein. Segue uma lista de **gentílicos** (o adjetivo que designa povo ou nação) menos "famosos":

Afeganistão – afegane ou afegão

Albânia – albanês

Andorra – andorrano

Arábia Saudita – saudita

Bangladesh – bengalês

Barbados – barbadiano

Barein – bareinita

Belize – belizenho

Benin – beninense

Botsuana – bechuano ou betchuano

Brunei – bruneano

Burquina Faso (ex-Alto Volta) – burquinense

Burundi – burundinês

Butão – butanês

Cabo Verde – cabo-verdiano

Camarões – camaronês

Catar – catariano

Chipre – cipriota

Cingapura – cingapuriano

Congo – congolês ou congolense

Costa do Marfim – ebúrneo, marfiniano ou marfinense

Costa Rica – costarriquenho ou costa-riquense

Gabão – gabonense ou gabonês

Gâmbia – gambiano

Gana – ganense

Granada – granadino

Guatemala – guatemalteco ou guatemalense

Guiné – guineano

Guiné-Bissau – guineense

Iêmen – iemenita

Iêmen do Sul – sul-iemenita

Índia – indiano

Israel – israelense

Laos – laosiano, laociano ou laosense

Lesoto – lesoto, lesotiano ou lesotense

Liechtenstein – liechtensteinense, liechtensteiniense ou liechtensteiniano

Luxemburgo – luxemburguês ou luxemburguense

Madagascar – malgaxe

Malásia – malaio

Malaui – malauiano ou malaviano

Maldivas – maldivo, maldívio, maldivense ou maldivano

Mali – malinês

Malta – maltês (lembra-se do filme *O falcão maltês?*)

Mianmar (antiga Birmânia) – birmanês ou mianmarense

Mônaco – monegasco

Mongólia – mongol

Nicarágua – nicaragüense

Níger – nigerino

Nigéria – nigeriano

Omã – omani, omaniano

Panamá – panamenho

Papua Nova Guiné – papuásio ou papua

Ruanda – ruandês

São Marino – samarinês ou são-marinense

Serra Leoa – leonês

Sri Lanka – cingalês

Suazilândia – suazi

Taiwan - taiwanês

Trinidad e Tobago – trinitino, trinitário-tobagense

Vietnã – vietnamita

Zimbábue – zimbabuano ou zimbabuense

> Quem nasce em Salvador, Bahia, é **salvadorense, salvadorenho** ou **soteropolitano**?

Salvadorenho vem do espanhol *salvadoreño* e indica quem nasceu ou mora na república centro-americana de El Salvador ou sua capital, San Salvador (um parêntese: **centro-americano** refere-se à América Central, assim como **centro-europeu** diz respeito à Europa Central e **centro-africano**, à... — será que você acerta? — República Centro-Africana).

Já **salvadorense** designa o natural ou habitante de três cidades: Salvador, capital da Bahia, Salvador do Sul, no Rio Grande do Sul ou Salvador das Missões, também no Rio Grande do Sul, tchê.

E **soteropolitano** o que é? É uma palavra meio em desuso que significa *natural de Soterópolis*. Mas onde é que fica esta tal de Soterópolis? Assim como Petrópolis é a *cidade de Pedro* e Teresópolis é a *cidade de Teresa*, Soterópolis é o nome helenizado da cidade de Salvador. Quem nasce em Salvador pode ser **salvadorense** ou **soteropolitano** (escolha!).

TOPÔNIMOS INDÍGENAS

Embora expulsos de grande parte das terras que ocupavam antes do "descobrimento", os indígenas deixaram a marca de sua presença através de grande número de topônimos (nomes geográficos). Nomes de estados, cidades, bairros, acidentes geográficos são de origem indígena — mais precisamente, de origem tupi. Eis alguns exemplos:

Anhangabaú – rio dos malefícios

Araguaia – rio dos papagaios mansos (*ará* é papagaio)

Araruama – viveiro dos papagaios

Catete – mato fechado

Catumbi – rio com muita caça em volta

Ceará – lugar onde os papagaios cantam

Corumbá – lugar do cascalho

Curitiba – lugar dos pinheirais

Grajaú – rio dos macacos

Icaraí – águas sagradas

Ipanema – lagoa de água mal cheirosa

Itaboraí – rio da pedra bonita (*ita* é pedra)

Itaguaí – rio de pedras, onde se bebe

Itaipava – rio de pedras, encachoeirado

Itaipu – a cachoeira

Itajubá – pedra amarela

Itaperuna – caminho da pedra negra

Macaé – coco gostoso

Maricá – mato de espinhos

Muriaé – rio dos mosquitos
Muriqui – lugar dos macacos
Pará – mar, rio caudaloso
Paraíba – rio ruim de navegar
Paraná – rio largo (semelhante ao mar)
Parati – mar de água fria
Pernambuco – onde o mar furou os rochedos
Piauí – rio dos piaus (tipo de peixe fluvial; mesmo que piaba)
Piratininga – lugar de peixe seco
Sergipe – rio dos siris
Tijuca – lugar pantanoso, lamaçal
Xerém – milho moído

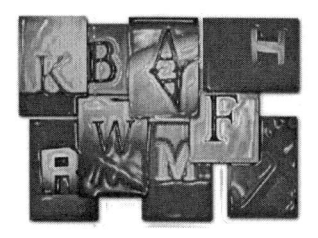

Capítulo 5

EXPRESSÕES PITORESCAS

> Qual a origem da expressão **sopa no mel**?

Quando me encontrei com Jaguar no Clube do Uísque (haverá lugar melhor para uma reunião de trabalho?) a fim de convidá-lo a ilustrar meu livro *Português Prático: Um jeito original de tirar suas dúvidas de português* (Rio de Janeiro, Editora Campus/Elsevier, 2004), ao me referir à frase do Jânio Quadros, "Fi-lo porque qui-lo", ele revelou que outra frase normalmente atribuída ao Jânio na verdade havia sido criada por ele, Jaguar. É a tal resposta à pergunta: "Por que você bebe?" "Bebo porque é líquido; se fosse sólido, comia."

Nesta mesma conversa abordamos a expressão **sopa no mel**, e Jaguar mostrou-se intrigado com essa combinação esdrúxula: sopa com mel? Em *Locuções tradicionais no Brasil* (pág. 251), Luís da Câmara Cascudo esclarece a perplexidade do Jaguar.

> Sopa não é o caldo contemporâneo, incompreensível para o entendimento da frase, mas uma fatia de pão torrado umedecida n'água em que fervem carnes e hortaliças. Sobre esse pedaço de pão molhado em líquido de cocção, constituindo a sopa antiga,

a presença do mel duplicaria os valores do sabor e da nutrição. Era a 'Sopa no mel'.

O próprio dicionário *Houaiss* registra esta acepção de "sopa": "qualquer pedaço de pão embebido em caldo ou outro líquido", "qualquer bocado de pão".

A expressão é antiga. Em *Inocência*, do Visconde de Taunay, escritor do século XIX, encontrei:

— Ora, pois muito bem, cai-me **a sopa no mel**; sim, senhor, vem mesmo ao pintar [no momento propício]...

Cair a sopa no mel significa (segundo o dicionário de "cearensês" do *site* Ceará-Moleque) uma situação em que uma coisa vai ao encontro da outra de modo ideal. "Eu estava gostando da menina e descobri que ela também estava gostando de mim. Foi sopa no mel!"

Diz uma velha quadrinha de origem portuguesa:

Fui à fonte com Maria

Encontrei-me com Isabel...

Isso mesmo é que eu queria

Caiu-me a **sopa no mel**!

Na "Balada para Isabel", Manuel Bandeira utiliza a expressão:

Um mistério tão sorrateiro

Nunca o mundo não viu jamais.

Ah que sorriso! Verdadeiro

Céu na terra (o céu que sonhais...)

Por isso, em minha ingrata lida

De viver, é a **sopa no mel**

Se de súbito translucida

O sorriso azul de Isabel.

Já que estamos falando no assunto, que tal uma visita ao meu blog **Sopa no Mel** em sopanomel.blogspot.com?

> Qual a origem da expressão **tempo das vacas magras?**

Em entrevista ao vivo para emissoras de rádio, em 2 de outubro de 2003, o presidente Lula anunciou: "Tudo isso está dentro de uma certeza de que acabou o **tempo das vacas magras**, acho que o sacrifício que tinha que ser feito já foi feito, todos nós estamos otimistas que neste último trimestre deste ano e no começo do próximo ano a economia brasileira vai voltar a crescer". Ao menos como vidente, o presidente foi reprovado!

Quem leu a *Bíblia* conhece a história de José e do sonho do faraó das **sete vacas gordas** e **sete vacas magras** (*Gênesis*, 41):

> Passados dois anos, o faraó teve um sonho: parecia-lhe estar à margem do Nilo, e viu subirem do Nilo sete vacas formosas e gordas, que se puseram a pastar entre os juncos. Subiram então do Nilo outras sete vacas feias de aparência e magras, que se colocaram junto às primeiras, à margem do Nilo.
>
> As vacas feias e magras devoraram as outras que eram formosas e gordas. Nisto o faraó acordou.

O faraó manda chamar José, que interpreta o sonho desta maneira: as sete vacas formosas representam sete anos de fartura, aos quais se seguirão os **tempos das vacas magras**, sete anos de escassez. "Eis que vêm sete anos de fartura sem igual em todo o Egito. A estes seguirão sete anos de fome, e será esquecida toda a fartura na terra do Egito; a fome consumirá o país."

Alertado pela interpretação do sonho, o faraó ordenou aos superintendentes que, durante os sete anos de **vacas gordas**, aprovisionassem mantimentos para os **tempos das vacas magras**.

> Quando foi o **tempo em que se amarrava cachorro com lingüiça?**

O **tempo em que se amarrava cachorro com lingüiça** é uma antiga expressão popular (registrada inclusive no *Adagiário brasileiro* de Leonardo Mota) que se refere a uma época de fartura. Corresponde ao "tempo das vacas gordas".

Esta expressão andou em evidência nas eliminatórias da Copa do Mundo de 2002, quando o Brasil correu o risco de não se classificar. Bombardeado por críticas, o técnico Felipão atribuiu as antigas conquistas e títulos brasileiros à época "em que se amarrava cachorro com lingüiça". Mas o Brasil acabou se sagrando pentacampeão naquela Copa.

> Quando foi o **tempo do Onça?**

De 1725 a 1732, foi governador do Rio de Janeiro o capitão Luís Vahia Monteiro, apelidado de **Onça**. Escreveu Gastão Cruls em *Aparência do Rio de Janeiro*: "Onça, apelidaram-no os cariocas e eu, quando menino, ainda ouvi muitas vezes estas expressões, hoje quase em desuso: "Isto é do tempo do Onça", "ele tem idéias do Onça" [...] Conta Câmara Cascudo em *Locuções tradicionais no Brasil* que "o velho Onça escreveu ao Rei D. João VI: "Nesta terra todos roubam. Só eu não roubo." Pois é, roubar é do tempo do Onça!

> Qual a origem da expressão **voltando à vaca-fria?**

Voltando à vaca-fria (com hífen) é uma dessas expressões, como **até aí morreu Neves**, **santo do pau oco** ou **jurar de pés juntos** que a gente usa porque ouviu nossos pais usarem, que por sua vez ouviram seus pais usarem, mas cuja origem se perde no tempo.

"Voltando à vaca-fria" é o correspondente português da expressão francesa *"Revenons à nos moutons!"* (literalmente "Voltemos aos nossos carneiros!"), empregada pela primeira vez numa comédia do final da Idade Média intitulada *A farsa do Mestre Pathelin*.

> Eh! Ne savez-vous revenir
> Au sujet, sans entretenir
> La cour de telle baveries?
> Sus, revenons à ces moutons !

(Tradução mais ou menos livre: Não dá para voltar ao tema e parar com esta conversa fiada? Vamos, voltemos à vaca-fria!)

Em português, os carneiros viraram vaca. E a vaca, de tanto que durou a conversa fiada, "esfriou".

Qual a origem da expressão até aí morreu Neves?

Em seu livro *Locuções tradicionais do Brasil*, o grande historiador, antropólogo, crítico, etnólogo e folclorista Luís da Câmara Cascudo explica a origem e o sentido de 485 locuções tradicionais, entre elas **até aí morreu Neves**, que significa: *isso aí todo mundo já sabe, até aí não há novidade*. Mas quem foi Neves?

O carioca João Pereira de Araújo Neves governou o Rio Grande do Norte de dezembro de 1849 a março de 1850, quando faleceu subitamente em Natal. Um jovem de destaque na política do Império, sua morte súbita numa cidade de província motivou noticiários derramados e contínuos na imprensa do Rio de Janeiro, mesmo depois que todo mundo já sabia da notícia.

> Qual a origem da expressão **santo de pau oco**?

Quem viu a série *Os Maias* deve lembrar da cena em que a Titi descobre uma relíquia nada santa (uma roupa íntima feminina) que o Raposão escondera dentro de uma imagem sacra.

Santo de pau oco é uma pessoa *hipócrita, fingida, metida a "santa"*. O sentido literal é uma *imagem de santo oca por dentro* para o contrabando de ouro e pedras preciosas. Um santo "de mentira", fingido.

> Qual a origem da expressão **jurar de pés juntos**?

Jurar de pés juntos é afirmar peremptoriamente. Segundo Câmara Cascudo, *pés juntos* "é a forma obrigatória e clássica da obediência, respeito, índice de atenção integral. Corresponde à posição militar de Sentido!"

> Qual a origem da palavra **vira-casaca**?

Vira-casaca é a pessoa que *troca de partido político, de time ou de opinião conforme as conveniências*: "Ele torce pro time que está ganhando. É um tremendo de um vira-casaca!"

A expressão remonta à época em que os regimentos se distinguiam pelas cores de suas casacas: mudar de regimento implicava mudar também de casaca. Conta-se que Carlos Emanuel III, duque de Sabóia, para defender seu patrimônio territorial, aliava-se ora aos franceses, ora aos espanhóis. Sua casaca era branca por fora e vermelha por dentro. Desse modo, para mudar de lado, bastava "virar a casaca".

> Qual a origem da expressão metafórica **jogar um balde de água fria**?

Jogar um balde de água fria é uma expressão metafórica que significa "cortar o barato", acabar com o entusiasmo de alguém.

A origem talvez remonte ao tempo em que um dos tratamentos para a loucura consistia em atirar baldes de água fria no paciente, provocando uma momentânea acalmia.

> Qual a origem da expressão **custar os olhos da cara**?

Custar os olhos da cara possivelmente significa ter um preço tão alto quanto a perda da própria visão, alusão ao antigo e cruel costume de cegar os inimigos aprisionados. Foi o castigo, por exemplo, que os filisteus infligiram a Sansão: "Então os filisteus pegaram nele, arrancaram-lhe os olhos e, tendo-o levado a Gaza, amarraram-no com duas cadeias de bronze."

Segundo outra interpretação — defendida por Câmara Cascudo em *Locuções tradicionais do Brasil* — "custar os olhos da cara" teria sentido literal: custar tão caro quanto os próprios olhos, nossa "jóia" mais preciosa.

> Qual a origem da expressão **bode expiatório**?

Em seu excelente *site* Sua Língua (www.sualingua.com.br), Cláudio Moreno explica a origem bíblica desta expressão:

"Na tradição bíblica, esse bode fazia parte do ritual pelo qual os hebreus expiavam suas culpas diante do Senhor. Todos os anos, no Iom Kipur (o Dia do Perdão), o sacerdote simbolicamente lançava sobre um bode todos os pecados do povo de Israel e o soltava no deserto, a fim de que os castigos e as maldições caíssem longe dos fiéis. Exatamente por isso a expressão hoje designa aquele inocente que é escolhido para levar a culpa do que os outros fizeram."

De fato, no capítulo 16 do Levítico, o terceiro livro do Pentateuco,* que trata dos sacrifícios, lemos:

> Quando Arão houver acabado de fazer expiação pelo lugar santo, pela tenda da revelação, e pelo altar, apresentará o bode vivo; e, pondo as mãos sobre a cabeça do bode vivo, confessará sobre ele todas as iniqüidades dos filhos de Israel, e todas as suas transgressões, sim, todos os seus pecados; e os porá sobre a cabeça do bode, e enviá-lo-á para o deserto, pela mão de um homem designado para isso. Assim aquele bode levará sobre si todas as iniqüidades deles para uma região solitária; e esse homem soltará o bode no deserto.

GÍRIA

A gíria, linguagem informal própria de determinado grupo social — surfistas, malandros, funkeiros, "aborrecentes"... — pode acabar extrapolando o grupo original (por influência da TV, digamos), enriquecendo a nossa língua. Parte da gíria da contracultura — movimento *hippie*, paz e amor, bicho! — dos anos sessenta/setenta foi incorporada à língua "oficial", adquirindo por vezes um sentido mais amplo do que o original. Será que acontecerá a mesma coisa com a gíria atual — por exemplo, do *funk*? Quem viver verá. (Observe que, enquanto a gíria da contracultura girava em torno das drogas, a gíria do *funk* gira em torno do sexo.)

Alguns termos da gíria da contracultura dos anos 60/70:

> BAD (ingl.). O mesmo que *bad trip*. Experiência desagradável provocada por droga alucinógena.

---

* O Pentateuco é o conjunto dos cinco primeiros livros da Bíblia, de autoria tradicionalmente atribuída a Moisés e constituindo a Torá judaica.

BANDEIRA. Aparência ou gesto denunciando ter a pessoa fumado maconha: dar bandeira.

BARATO. Originalmente, efeito agradável de droga alucinógena. Atualmente, denota qualquer tipo de experiência agradável: este filme foi um barato.

BASEADO. Cigarro de maconha.

BICHO. Vocativo amistoso usado pelos jovens da época: Bicho, vem cá!

BODE. Ressaca causada por droga, normalmente anfetamina.

CARETA. Pessoa não-iniciada nos "Mistérios" das drogas alucinógenas, mormente a maconha.

CHINCHEIRO. Maconheiro.

CURTIR. Deleitar-se com: curtir um cinema, curtir um visual. Nos anos 60, "curtir" pressupunha o consumo prévio de droga alucinógena.

DANÇAR. Ser pego pelos pais, pela polícia etc. consumindo, guardando, comerciando etc. drogas.

DESBUNDE. Efeito agradabilíssimo de droga, normalmente alucinógena.

DESCOLAR. Obter: descolar um baseado.

DOIDÃO. Originalmente, sob efeito de droga. Atualmente, usado também em referência ao álcool.

FISSURADO. Com desejo incontrolável de consumir droga, normalmente maconha.

GRILO. Preocupação que perturba a mente quando se está sob efeito de droga alucinógena. Talvez a origem deste emprego da palavra resida na maneira peculiar como o trilar dos grilos é percebido sob efeito da maconha.

MUTUCA. Embrulho de maconha comprado na boca-de-fumo.

PINTAR. Aparecer, surgir: pinta lá em casa! pintou sujeira.

PRESENÇA. Pequena quantidade de maconha dada de presente.

PUXAR UM FUMO. Fumar maconha.

QUEIMAR UM FUMO. Fumar maconha.

SACAÇÃO. Originalmente, percepção sob efeito de droga alucinógena.

SARTÁ (corruptela de "saltar"): Cair fora, escafeder-se.

SUJEIRA. Situação em que é perigoso consumir drogas: pintou sujeira! Antônimo: limpeza.

TÁ SACANDO? Está percebendo?

TAPA. Tragada do cigarro de maconha: dei três tapas neste baseado.

TOQUE. Aviso, insinuação: dar um toque.

TRANSAR. Originalmente, ocupar-se com: transar macrobiótica, transar um rango. Nos anos 60, não possuía a conotação erótica posteriormente adquirida.

TRIP (ingl.). O mesmo que viagem (ver).

VIAGEM. Experiência com droga alucinógena forte, provocadora de alucinações. Normalmente, ácido lisérgico.

Alguns termos da gíria do *funk*, cumpadi (tá ligado?):[*]

ALEMÃO. Pessoa de caráter duvidoso. Falso, velhaco.

APARAR PELA RABIOLA. Fazer sexo anal.

---

[*] Fonte: Dicionário do Funk no *site* da Atlantis Music.

BIFÃO. O cara que só anda acompanhado de várias mulheres mas não está namorando nenhuma.

CACHORRA. Vadia.

CAÔ. Mentira, boato.

CORTAR NA MÃO. Tomar a namorada de alguém.

DAR UNS CORTES. Transar com uma mulher.

ENGOLE-MÍSSIL. Garota que dizem fazer sexo oral.

MARTELÃO. Pênis

MERCENÁRIA. Mulher interesseira.

MULÃO. Grupo de muitas pessoas.

MULHER CHUMBINHO. Mulher com doença (por exemplo, AIDS)

OLHÕES. Os funkeiros.

OSSO DA BORBOLETA. Situação desfavorável.

PASSAR O CEROL NA MÃO. Ficar com alguma mulher.

PASSAR O RODO. Atacar.

PEGAR PRA CRIAR. Seduzir uma garota novinha com o intuito de possuí-la quando estiver mais crescida.

PISANTE. Tênis

POPOZUDA. Mulher com a bunda grande.

PURPURINADA. Mulher bem tratada, cheirosa.

POTRANCA. Mulher boa de cama.

PREPARADA. Mulher fácil e experiente.

PUXAR O BONDE. Formar um grupo de galeras no baile.

TÁ DOMINADO. Estar sob controle ou invadido.

TÁ LIGADO? Entendeu?

TCHUTCHUCA. Garota bonita.

TIGRÃO. Homem grotesco que consegue namorar mulheres bonitas.

Capítulo 6

CURIOSIDADES DIVERSAS

> O que é uma **sala VIP**?

Você já deve ter esperado um avião ou um ônibus executivo em uma **sala VIP**. Mas o que é **VIP**? É a sigla inglesa de *very important person* — pessoa muito importante.

O termo **VIP** foi popularizado pelo filme britânico de 1963, *The V.I.P.s*, que no Brasil recebeu o título de *Gente Muito Importante*. Dirigido por Anthony Asquith e tendo por astros Richard Burton e Elizabeth Taylor, o filme obteve o Oscar de Melhor Atriz Coadjuvante (Margaret Rutherford).

> Para os apreciadores de cerveja: onde fica a **Bavaria**? E a **Antarctica**? Quem é **Brahma**? O que significa **Skol**?

Bavaria é o nome inglês da **Baviera** (Bayern, em alemão)! Antes da unificação alemã, a Baviera constituía um reino independente. Atualmente, é um estado no sudeste da Alemanha, tendo por capital Munique (München em alemão).

Antarctica é como se escrevia **Antártica** antes da reforma ortográfica de 1943 (a reforma que transformou **pharmacia** em **farmácia**, **sciencia** em **ciência** e **theatro** em **teatro**). Antártica ou Antártida é o continente estupidamente gelado (temperatura média de 0°C no verão e -80°C no inverno) em torno do Pólo Sul.

Brahma é como se escrevia **Brama** antes da reforma supracitada (essas cervejas são antigas). É a primeira pessoa da trindade hinduísta, composta também de Vishnu e Shiva, sendo reverenciado como o criador e recriador do universo (a cada 2.160.000.000 anos).

Skol é uma marca de cerveja de propriedade da empresa dinamarquesa Carlsberg com licença para ser fabricada no Brasil pela AmBev. Vem da palavra dinamarquesa *skaal* (em sueco *skål*) que significa *saúde*!

Quem foi **Big Brother**?

Big Brother (Grande Irmão, em português) é um misterioso ditador que, por meio de *teletelas* (um tipo de televisão que transmite e recebe ao mesmo tempo), controla a vida das pessoas, no clássico da literatura de antecipação, *1984* (é este o título do livro).

1984 resulta da inversão dos dois últimos algarismos de 1948, ano em que foi escrito por George Orwell, cidadão inglês nascido na então colônia Índia. O livro, escrito poucos anos antes de Orwell morrer de tuberculose, previa um futuro sombrio que felizmente não se concretizou (na época, o mundo acabara de derrotar o nazi-fascismo e a União Soviética era governada pelo ditador Stalin): um mundo dominado por estados totalitários, stalinistas — Eurásia, Lestásia e Oceania — em constante conflito, e cidadãos submetidos a permanente vigilância. Daí o adjetivo *orwelliano*, que designa sociedades totalitárias, controladoras, embora o nome verdadeiro de Orwell fosse Eric Arthur Blair.

Agora você sabe por que o *Big Brother Brasil* tem este nome!

> Por que o **Casseta & Planeta** tem este nome?

Casseta vem da *Casseta Popular* (trocadilho com *Gazeta Popular*), revista rodada em mimeógrafo por Beto Silva, Marcelo Madureira e Hélio de la Peña na década de 80 e distribuída no *campus* da UFRJ. **Planeta** vem do *Planeta Diário* (alusão ao jornal em que trabalha Clark Kent, o Super-Homem), nome de uma revista humorística do Hubert, Reinaldo e Cláudio Paiva que era vendida em bancas de jornais também na década de 80.

> Qual a forma certa: o **Corão** ou o **Alcorão**?

Em inglês e alemão, diz-se *Koran*. Em francês, *Coran*. Em espanhol, *Corán*. Por que *Alcorão* em português?

Alguns puristas alegam que "**o Alcorão**" seria redundante, já que o **al** árabe já significa **o** — seria o mesmo que dizer Os The Beatles ou o *The New York Times*!

Na introdução à sua tradução portuguesa do *Alcorão*, Mansour Challita explica por que preferiu a forma *Alcorão*, e não *Corão*. Segundo ele, as palavras árabes incorporadas pelo português mantiveram o artigo **al**: "Dizemos o açúcar (e não o çúcar), o arroz (e não o roz), a alfândega (e não a fândega), a álgebra (e não a gebra), o algodão (e não o godão)..." A palavra *Alcorão* segue, portanto, a tendência da língua portuguesa quanto às palavras árabes, explica Mansour Challita. "Cada língua tem seus caminhos."

> Quando Fernando Pessoa diz que "navegar é preciso, viver não é preciso", **preciso** tem o sentido de **necessário** ou de **exato**?

Em primeiro lugar, Fernando Pessoa não criou esta frase. Ele a cita numa nota solta que diz:

> Navegadores antigos tinham uma frase gloriosa: "Navegar é preciso; viver não é preciso". Quero para mim o espírito [d]esta frase, transformada a forma para a casar com o que eu sou: Viver não é necessário; o que é necessário é criar. [...]

Ou seja, assim como os navegadores antigos precisavam navegar, ele (Fernando Pessoa) precisa criar. A frase original latina foi *Navigare necesse est, vivere non est necesse*, dita pelo general romano Pompeu aos capitães dos navios que temiam zarpar sob uma forte tempestade, como narra Plutarco.

> Qual a diferença entre **K.O.** e **W.O.**?

K.O. é abreviatura de **nocaute** (do inglês *knock-out*). **W.O.** é abreviatura de *walk over*. Num jogo ou partida, se um dos jogadores ou time não comparece na data e horário marcados, o outro jogador ou time vence por W.O.

> Qual a origem da palavra **spam** para designar *e-mails* indesejados?

No livro *OK! Curiosidades divertidas do português* de Jack Scholes (Rio de Janeiro, Editora Campus/Elsevier, 2003) encontrei a explicação da origem da palavra *spam* para designar mensagens de *e-mail* indesejadas, geralmente propagandas.

Segundo Scholes, a palavra *spam* foi inventada na década de 1930 para designar um tipo de apresuntado em lata. Veio das palavras *sp(iced h)am* — ou seja, presunto temperado. O uso desta palavra para designar as mensagens eletrônicas indesejadas vem de um *sketch* de um programa de televisão de 1970 dos comediantes britânicos Monty Python. "A cena se passa em um restaurante popular (conta Scholes) e a garçonete descreve para dois fregueses sentados a uma mesa os pratos disponíveis. *Well, there's egg and bacon; egg sausage and bacon; egg and spam; egg bacon and spam; egg bacon sausage and spam; spam bacon sausage and spam; spam egg spam spam bacon and spam; spam sausage spam spam bacon spam tomato and spam.*"

Neste *sketch*, todos os pratos oferecidos pela garçonete contêm o maldito *spam* — não há como se livrar dele. Idem o *spam* que nos "ataca" via *e-mail*.

Outra curiosidade abordada no livro é a origem da expressão OK. "O termo OK (diz Scholes) surgiu no século XVIII na campanha para a reeleição do presidente Martin Van Buren nos Estados Unidos. O apelido dele era Old Kinderhook (ele nasceu em Kinderhook, Nova York) e, em 1840, as iniciais OK se popularizaram como lema de sua campanha para indicar que, com Old Kinderhook como presidente, tudo estaria ótimo. De forma humorística, também se dizia que OK era sigla para "*orl korrect*" — *all correct*.

> O que é o **aloe vera** que aparece nos rótulos de loções pós-barba, cremes hidratantes, sabonetes etc.

Aloe vera não é nada de misterioso. É apenas o nome científico da velha e conhecida babosa.

> Qual a relação entre a **perdiz**, o **perdigão** e o **perdigoto**?

Perdiz é uma ave que todos conhecem. **Perdigão** é o macho da perdiz. E **perdigoto**, o filhote. Em algumas regiões do Brasil, perdigoto também designava as balas de chumbo com que se abatiam as perdizes. Por analogia a esses chumbinhos, também passou a designar os salpicos de saliva lançados por certas pessoas ao falarem. O leitor perguntará: e daí? E daí que muita gente compra produtos Perdigão, vê a logomarca com as duas avezinhas na embalagem e... nem lhes passa pela cabeça que aquele é o macho da perdiz!

> Alguma coisa pode custar **dez pênis**?

Conforme escrevi no meu livro *Português Prático*, sim, na Inglaterra alguma coisa pode custar **dez pênis**.

A moeda inglesa chama-se (em inglês) *pound*, e o centavo inglês — após a reforma monetária de 1971 que aboliu o *shilling*, xelim — é o *penny* (plural *pence*). *Pound* a gente traduz por **libra**; *pence* e *penny* costumamos deixar em inglês mesmo. Assim: uma libra e um *penny*.

Mas existe uma tradução portuguesa para *penny*, que é **pêni** (pode ver que está nos dicionários). Nada impede, portanto, que digamos: "uma libra e um pêni". E adivinhe qual o plural de **pêni**. (Acertou!)

> Que quer dizer *carpe diem*?

Carpe diem é uma exortação latina que significa "aproveita o dia de hoje". Foi criada pelo poeta Horácio em uma de suas *Odes*:

Sapias, vina liques, et spatio brevi

spem longam reseces. dum loquimur, fugerit invida

aetas: **carpe diem**, quam minimum credula postero. (Livro I, ode XI, versos 6-8)

(Sê prudente, começa a apurar teu vinho, e nesse curto espaço

Abrevia as remotas expectativas. Mesmo enquanto falamos, o tempo,

Malvado, nos escapa: **aproveita o dia de hoje**, e não te fies no amanhã.)

Tanto Shakespeare quanto Walt Whitman compuseram poemas chamados "Carpe Diem". O de Whitman começa assim: "Carpe Diem, aproveite o dia. / Não deixes que termine sem que tenhas crescido um pouco, / sem que tenhas sido um pouco mais feliz, / sem que tenhas alimentado teus sonhos."

Em português, conheço um poema chamado "Carpe Diem" de Lucia Aizim. Está no livro *Cânticos* e começa assim: "Não vou revolver as águas do passado / Tampouco lançar-me no tempo vindouro."

O filme *Sociedade dos poetas mortos* celebra o espírito do *carpe diem*. Eis um trecho do filme:

KEATING: Obrigado, Sr. Pitts. "Colha os botões de rosa enquanto é possível." O termo latino para este sentimento é Carpe Diem. Quem sabe o que isto significa?

Meeks imediatamente levanta a mão.

MEEKS: Carpe Diem. É "aproveite o dia".

KEATING: Muito bem, Sr...

MEEKS: Meeks.

KEATING: Meeks. Outro nome incomum. Aproveite o dia. Colha os botões de rosa enquanto é possível. Por que o escritor diz isto?

CHARLIE: Porque está com pressa.

> Se o cinema é a **sétima arte**, quais as outras seis?

No verbete "Art" da versão francesa da *Wikipédia* (maravilhosa Internet, a maior biblioteca do mundo dentro de nossas modestas casas!) encontrei a resposta a esta pergunta. Ei-la (devidamente traduzida para o português):

"A sétima arte é uma expressão proposta em 1919 por Ricciotto Canudo para designar a arte cinematográfica.

Ricciotto Canudo foi um intelectual italiano, morando na França, amigo de Apollinaire e um dos primeiros críticos de cinema. Escreveu um livro em 1911 que intitulou *La naissance du sixième art* (*O nascimento da sexta arte*), onde considerou que o cinema realizava a síntese das "artes do espaço" (arquitetura, pintura e escultura) com as "artes do tempo" (música e dança). O cinema surgiu portanto como uma síntese de todas as cinco artes precedentes, do tempo e do espaço. O cinema é um instrumento de um novo renascimento.

Depois de ler Hegel acrescentou a poesia como a arte fundadora e escreveu *Le manifeste des 7 arts* (*O manifesto das 7 artes*), que consagrou a expressão "sétima arte" para o cinema. Em 1922, fundou a *Gazette des sept arts* (*Gazeta das sete artes*), uma das primeiras revistas de cinema."

> Por que **pedofilia** designa a atração por crianças, e não por **pés**?

Os elementos de composição **filia** e **filo** você conhece: derivam da palavra grega *phílos*, amigo, e aparecem em diversas palavras do português. Assim, a **filosofia** é o "amor à sabedoria", **Teófilo** é quem ama a Deus (em latim, **Amadeus**) e **bibliófilo** é alguém como eu que adora livros.

Vimos assim o **filia**. Quanto ao **ped**, é o mesmo de "**ped**agogia" (ciência que trata da educação dos jovens), "**ped**iatra" (especialidade médica que estuda as crianças e suas doenças) e "**ped**ologia" (estudo sistemático da vida e do desenvolvimento das crianças). Deriva do grego *paidós*, que significa criança. E pé em grego, como é? É *podós*. Assim, a "podologia" é (segundo o *Houaiss*) o "ramo da ortopedia que se dedica ao exame, diagnóstico, tratamento e à prevenção das doenças do pé". E o fetiche pelos pés é a **podofilia** ou **podolatria**.

> Qual a origem da palavra **bonde**?

A palavra **bonde** deriva do inglês **bond**, que em economia significa "apólice, obrigação, título de dívida". Uma das versões para a origem da palavra é que a Botanical Garden Railroad, a empresa americana que explorou o primeiro serviço de bondes no Rio de Janeiro, a partir de 1868, emitiu cupons que serviam de passagem e continham a figura do bonde e a palavra *bond*.

> Qual a origem da palavra **favela** (no sentido de "comunidade")?

Favela ou faveleiro é o nome de um arbusto grande da família das euforbiáceas. Um dos morros da região de Canudos, com grande quantidade dessa planta, chamava-se Morro da Favela. Soldados que ficaram instalados naquele morro na Guerra de Canudos, ao retornarem ao Rio de Janeiro, pediram autorização ao Ministério da Guerra para se instalarem com suas famílias no alto do morro da Providência e passaram a chamá-lo de Morro da Favela. A designação "favela" depois se estendeu a outras comunidades.

Em sua obra *Os sertões*, Euclides da Cunha faz várias referências à favela e ao Morro da Favela (aliás, o capítulo II chama-se "Golpe de vista do alto de Monte Santo. Do alto da Favela"):

> As favelas, anônimas ainda na ciência — ignoradas dos sábios, conhecidas demais pelos tabaréus — talvez um futuro gênero *cauterium* das leguminosas, têm, nas folhas de células alongadas em vilosidades, notáveis aprestos de condensação, absorção e defesa.

> Para quem viesse do sul, porém, pelo Rosário ou Calumbi, galgado o alto da Favela, ou as ladeiras fortes que se derivam para o Rio Sargento, o casario aparecia a um quilômetro, ao norte, esbatido num plano inferior, francamente exposto, de modo a se poder num lance único de vista aquilatar-lhe as condições de defesa.

Capítulo 7

CULTURA ÚTIL (& INÚTIL)

> Qual a origem dos termos **esquerda** e **direita** em política?

O Dicionário de Ciências Sociais da Fundação Getúlio Vargas* explica a origem dos termos **esquerda** e **direita** em política:

"Os vocábulos esquerda e direita foram usados pela primeira vez como termos políticos na França, durante a Revolução, mas as circunstâncias exatas da origem desse uso não são conhecidas. A explicação mais comum é que na primeira reunião dos Estados-Gerais, em 5 de maio de 1789 [...] a nobreza tomou o lugar de honra, à direita do rei [...] e o Terceiro Estado instalou-se à esquerda do rei. [...] O certo é que em pouco tempo os deputados mais revolucionários sentavam-se à esquerda da Assembléia Nacional e os mais conservadores à direita. [...] Nesse período, os significados dos dois termos eram mais simples e mais precisos do que o foram em qualquer tempo. Estar à esquerda era estar com a Revolução; estar à direita era não desejar mudança, ou desejar a volta, completa ou parcial, do passado."

---

* Segunda edição, 1987, verbete **Esquerda e Direita (significados Correntes)** de W. Pickles.

> Qual a diferença entre **anarquismo, socialismo e comunismo?**

Anarquismo é a doutrina política que preconiza uma sociedade sem governo ("Há governo? Sou contra!"). **Socialismo** é mais difícil de definir, já que variados movimentos e partidos políticos lançaram mão deste termo, de grande apelo emocional: nacional-socialismo, socialismo marxista, socialismo cristão, socialismo moreno etc. *Grosso modo*, os socialistas defendem algum nível de intervenção do Estado para assegurar a justiça social. Socialistas mais radicais defendem o controle estatal dos meios de produção em geral. **Comunismo** designa uma vida comunitária livre de controles hierárquicos e a distribuição igualitária dos bens. Neste sentido, podemos nos referir ao comunismo das comunidades *hippies* ou dos *kibutzim* israelenses.

O termo **comunista** acabou fortemente associado ao marxismo, devido à atuação dos Partidos Comunistas. Segundo o pensamento marxista, o capitalismo acabaria implodindo vítima das contradições internas. A classe operária ascenderia ao poder e instauraria a ditadura do proletariado, provisória. Na etapa "socialista" da revolução, as antigas classes opressoras seriam liquidadas e a economia seria coletivizada. Com o fim da luta de classes, "nada mais haverá a reprimir que torne necessário o poder de repressão, o Estado." (F. Engels) A fase suprema, definitiva da revolução seria o **comunismo**, a sociedade igualitária, sem Estado.

O Terceiro Programa do Partido Comunista da União Soviética, apresentado por Nikita Kruchev no XXII Congresso do Partido, em 1961, definiu assim o comunismo:

> O comunismo é um regime social sem classes, com a propriedade nacional única dos bens de produção, uma igualdade social total de todos os membros da sociedade, onde, ao lado do desenvolvimento geral das pessoas, crescem também as forças de produção sobre a base de um desenvolvimento constante da ciência e da técnica, onde todas as fontes de riquezas públicas jorrarão plenamente e onde será realizado o grande princípio: De cada um segundo suas capacidades e a cada um segundo suas necessidades.

O programa previa que, no decênio de 1961 a 1970, a URSS superaria a produção *per capita* dos Estados Unidos. No decênio seguinte "a base material e técnica do comunismo será criada". O período seguinte concluiria a edificação completa da sociedade comunista.

Só que na prática...

> Qual a diferença entre **judô** e **jiu-jítsu**?

Jay Stevenson, em *O mais completo guia sobre filosofia oriental*, dá esta explicação:

Jiu-jítsu. A mais antiga forma de artes marciais do Japão, originária entre os samurais, jiu-jítsu significa *técnica delicada*, porque visa a defesa pessoal sem armas. Inclui inúmeros estilos envolvendo golpes manuais, chutes, arremessos e imobilizações.

Judô. Um estilo derivado do jiu-jítsu fundado em 1882 por Jigoro Kano e ensinado no centro Kokodan, famoso pela exibição e ensino do judô. Judô significa *caminho da delicadeza*.

> Qual a diferença entre **meteoro**, **meteorito** e **meteoróide**?

Meteoróide é um corpo (menor que um asteróide) que se desloca no espaço cósmico. Ao entrar na atmosfera, atraído pela Terra, torna-se incandescente e recebe o nome de **estrela cadente** ou **meteoro** (palavra que, em sua acepção mais ampla, designa qualquer fenômeno atmosférico). Normalmente, o atrito da atmosfera faz com que se desintegre, mas se conseguir atingir a superfície terrestre, passa a se chamar **meteorito**.

O maior **meteorito** que já caiu no Brasil é a pedra de Bendengó. Encontrada na Bahia em 1784, pesa 5,4 toneladas e está no Museu Nacional do Rio de Janeiro.

Imagine o estrago causado por um meteorito dessa dimensão se, por azar, caísse sobre uma metrópole como São Paulo ou Tóquio. Existe uma escala do impacto de meteoritos e sua freqüência, a Escala de Torino:

Diâmetro do meteorito	Intervalo	Número provável de mortes
50 metros	Freqüente	Nenhuma
160 metros	a cada 4 mil anos	5 mil
1,6 quilômetro	a cada 250 mil anos	500 mil
7 quilômetros	a cada 10 milhões de anos	1,5 bilhão
16 quilômetros	a cada 100 milhões de anos	6 bilhões

Qual a diferença entre **ventania, temporal, furacão, tufão, ciclone** e **tornado**?

A intensidade dos ventos é medida pela *escala de Beaufort*, criada por Sir Francis Beaufort (1777-1857), hidrógrafo da Marinha Real Britânica. Tomando por base essa escala, uma **ventania** seria simplesmente um vento forte (força 7-8). Um **temporal** é uma chuva forte com vento (força 10-11). **Furacão** é a ventania mais forte na escala de Beaufort. No Pacífico Ocidental (principalmente no Mar da China), recebe o nome de **tufão** e no Oceano Índico, de **ciclone**.

Escala de Beaufort		
Força	Designação	Velocidade (em nós)
0	Calma	0-1
1	Aragem	2-3
2	Vento fraco	4-6
3	Vento bonançoso	7-10
4	Vento moderado	11-16
5	Vento fresco	17-21
6	Vento muito fresco	22-27
7	Vento forte	28-33

8	Vento muito forte	34-40
9	Vento tempestuoso	41-47
10	Temporal	48-55
11	Temporal desfeito	56-63
12	Furacão	a partir de 64

NOTA: Um nó corresponde a uma milha náutica por hora, ou 1,853 km/h. FONTE: *Site* da Associação Nacional de Cruzeiros (Lisboa, Portugal).

> Existe diferença entre **evolucionista, evolucionário** e **evolutivo**?

Evolucionista é o partidário do **evolucionismo**, a teoria da evolução das espécies. Opõe-se ao **criacionista**, que acredita na criação divina tal e qual narrada na *Bíblia*. Com base no estudo dos registros fósseis, os evolucionistas tentam reconstruir o desenvolvimento das espécies, a maneira como determinadas espécies deram origem a outras. Já os criacionistas crêem que Deus criou todas as espécies prontas e acabadas — testemunho disso seria a história da arca de Noé. Os fósseis, segundo alguns criacionistas, seriam "falsas provas" plantadas por Deus a fim de testar a fé humana. **Evolucionista** também pode ser usada para fazer referência ao **evolucionismo**: a **teoria evolucionista** (ou seja, a teoria da evolução das espécies).

Evolucionário e **evolutivo** dizem respeito a **evolução** em geral: por exemplo, uma abordagem evolucionária ou evolutiva é aquela que leva em conta a evolução, não necessariamente das espécies: pode ser a evolução econômica, industrial, social etc.

> A **teoria da relatividade** de Einstein afirma que tudo, sem exceção, é relativo?

A teoria da relatividade não afirma isto. Antes de mais nada, vamos situá-la em seu contexto. Trata-se de uma teoria aplicável ao mundo físico, não à esfera da moral ou dos valores. Segundo, o ponto de partida que levou à sua formulação foi a descoberta (aparentemente paradoxal) de uma **realidade absoluta**: a velocidade da luz, sempre idêntica, qualquer que seja o referencial. (Por que um aparente paradoxo? Se eu estou num carro a 90 km/h perseguindo um trem que viaja a 100 km/h, o trem, para mim, parecerá estar a 10 km/h. Mas seu eu estiver num hipotético foguete ultraveloz a 299 mil km/s perseguindo um raio de luz, este último continuará se afastando de mim a 300 mil km/s. Por isso.)

A ciência trabalha com inferências, por mais estranhas que sejam suas conclusões. Por exemplo, do fato (empiricamente observado) de que todos os corpos celestes estão se afastando uns do outros se infere (por mais absurdo que isso se afigure) que num dado momento ocuparam o mesmo ponto. Daí o *big-bang*. Se aquilo que parecia relativo ao observador (a velocidade da luz) revelou-se (em todos os testes experimentais) absoluto, a única conclusão possível é que o que parecia absoluto (espaço e tempo) é relativo. A teoria de Einstein é tão revolucionária que, um século após sua formulação, continua soando estranha e não é ensinada nos colégios.

> 25 anos de casado são **bodas de prata**, 50 anos, **bodas de ouro**. Mas 5 anos de casado, 10 anos etc. são bodas de quê?

No *Aurélio* e *Houaiss* encontro a resposta à pergunta (em alguns *sites* da Internet, a gente encontra longas listas de bodas, incluindo boda de 1 ano, 2 anos etc., mas elas divergem umas das outras, o que leva a concluir que não são confiáveis — fiquemos nos dicionários tradicionais):

5 anos – bodas de madeira

10 anos – bodas de estanho

15 anos – bodas de cristal

20 anos – bodas de porcelana

25 anos – bodas de prata

30 anos – bodas de pérola

35 anos – bodas de coral

40 anos – bodas de esmeralda

45 anos – bodas de rubi

50 anos – bodas de ouro
60 anos – bodas de diamante
65 anos – bodas de platina (*Aurélio*) / ferro (*Houaiss*)
75 anos – bodas de brilhante
Mas do jeito que andam os casamento hoje em dia, daqui a alguns anos essas bodas vão estar mesmo é no dicionário de arcaísmos!

> Qual a diferença entre um **chefe de governo** e **chefe de Estado**?

O presidente Lula, em seus périplos internacionais, encontra-se com muitos chefes de governo e chefes de Estado. Você sabe a diferença entre "chefe de governo" e "chefe de Estado"? Eu também não sabia, mas resolvi pesquisar.

Chefe de Estado é o representante do Estado (ou seja, do país) e chefe do governo é quem realmente governa. No regime presidencialista (Estados Unidos, Brasil e outras nações) o presidente acumula as funções de chefe de Estado e chefe efetivo do governo, enquanto no regime parlamentarista (vários países europeus, Israel, Índia) há uma divisão: a função de chefe de Estado compete ao presidente, enquanto a direção efetiva do governo cabe ao primeiro-ministro ou chanceler, o chefe do governo.

> Assim como um quilograma contém mil gramas um **kilobyte** possui mil bytes?

Esta é a tabela dos prefixos que indicam múltiplos de unidades de medida:

Prefixo	Símbolo	Múltiplo
kilo ou quilo	K	mil vezes
mega	M	um milhão de vezes
giga	G	um bilhão de vezes
tera	T	um trilhão de vezes
peta	P	um quatrilhão de vezes

exa	E	um quintilhão de vezes
zeta	Z	um sextilhão de vezes
iota	Y	um octilhão de vezes

Um **kilobyte** (ou **quilobyte**), portanto, corresponderia a mil bytes? Não necessariamente. Como as memórias dos computadores se baseiam em potências de 2, um **kilobyte** nesse contexto equivale a 1.024 (2^{10}) bytes. Dentro deste mesmo princípio, um **megabyte** equivale a 1.024 kilobytes, um **gigabyte**, a 1.024 megabytes, e assim por diante. Haja memória (de computador) pra guardar tanto byte! Já em produtos que não estão presos às potências de dois, valem os múltiplos decimais.

A fim de evitar a ambigüidade, a International Eletrotechnical Comission (IEC) criou, em 1998, o termo **kibibyte**, contração de "kilo binary byte", para designar 1.024 bytes, mas pelo visto o termo ainda não "pegou".

A todos que adquiriram e leram este livro, sou imensamente grato. Convido-os a visitarem meu blog Sopa no Mel (sopanomel.blogspot.com) e (a propaganda é a alma do negócio!) a conhecerem meus outros livros.

Impressão e Acabamento
Gráfica da Editora Ciência Moderna Ltda.
Tel. (21) 2201-6662